职业教育城市轨道交通专业产教融合创新教材

城市轨道交通
售检票系统

主　编　张春晓
副主编　师　宁　陈容红
参　编　朱青松　周　琳

本书结合城市轨道交通自动售检票系统的层次结构，全面阐述了城市轨道交通自动售检票系统的基本原理和相关操作，主要包括城市轨道交通自动售检票系统概述、计算机系统、车票媒介、自动售票机、半自动售票机和自动检票机。各项目除了介绍基本结构、功能原理、操作流程、常见故障及处理方法等内容，还设置了操作训练内容，以培养学生理实结合的能力。

本书是新形态教材，配套资源丰富，配有电子课件、习题答案等资源，扫描书中二维码可观看相应的视频、动画等，各项目均配有思考练习题。

本书可作为职业院校城市轨道交通相关专业的教材，也可作为从事城市轨道交通自动售检票系统设计、开发、维护、管理等方面的专业技术人员的培训教材以及城市轨道交通企业的岗位培训教材。

图书在版编目（CIP）数据

城市轨道交通售检票系统/张春晓主编. —北京：机械工业出版社，2023.1
职业教育城市轨道交通专业产教融合创新教材
ISBN 978-7-111-72458-2

Ⅰ.①城… Ⅱ.①张… Ⅲ.①城市铁路-旅客运输-售票-铁路自动化系统-职业教育-教材 Ⅳ.①U293.22

中国版本图书馆 CIP 数据核字（2022）第 255618 号

机械工业出版社（北京市百万庄大街 22 号　邮政编码 100037）
策划编辑：葛晓慧　　　　　　　　责任编辑：葛晓慧　谢熠萌
责任校对：张亚楠　陈　越　　　　封面设计：王　旭
责任印制：李　昂
北京中科印刷有限公司印刷
2023 年 4 月第 1 版第 1 次印刷
184mm×260mm・8.25 印张・184 千字
标准书号：ISBN 978-7-111-72458-2
定价：37.00 元

电话服务　　　　　　　　　　　网络服务
客服电话：010-88361066　　　　机　工　官　网：www.cmpbook.com
　　　　　010-88379833　　　　机　工　官　博：weibo.com/cmp1952
　　　　　010-68326294　　　　金　书　网：www.golden-book.com
封底无防伪标均为盗版　　　　机工教育服务网：www.cmpedu.com

PREFACE

前 言

  城市轨道交通因其运量大、速度快、安全、准点、环保、节能和地面用地少等优点，成为深受欢迎的城市交通方式，在改善现代城市交通状况方面起着越来越重要的作用。作为城市轨道交通重要的组成部分，自动售检票系统的运行状况直接影响城市轨道交通的服务质量和运行效率。加快建设交通强国，发展智慧轨道交通系统是必然趋势，而智慧轨道建设将为自动售检票行业带来巨大发展机遇。

  自动售检票系统是通过对计算机、统计、财务等专业知识的综合运用，来实现城市轨道交通的售票、检票、计费、收费、统计、清分结算和运行管理等全过程的自动化系统，可为决策部门提供客流、收入等各类信息支持。由于自动售检票系统涉及面广、集成度高、应用性强、社会影响大，因此需要大量具备专业素养的自动售检票系统专业人才。为满足教学需要和专业人员的需求，本编写团队编写了本书。

  本书按照新形态教材理念进行设计编写，开发了大量的课程资源，书中附有二维码，扫描后可查看相应的视频、动画等。为方便及时检测学习成果，本书各项目均配有思考练习题，并配有参考答案。二十大报告强调科教兴国，本书通过丰富的拓展案例，引导从业人员树立职业道德意识，激发科技创新能力。

  结合教材特点，提出以下几点学习建议：①充分利用数字资源，线上、线下结合学习；②理论联系实际，观察城市轨道交通实际设备并结合实验室实际操作，强化理解项目要点；③画出思维导图，梳理概括各项目内容。

  本书由张春晓任主编，师宁、陈容红任副主编，朱青松、周琳参与了本书的编写。本书在编写过程中，得到了北京地铁运营有限公司、北京京港地铁有限公司、北京锦源汇智科技有限公司领导与技术人员的大力支持，在此表示衷心感谢。

  由于技术发展迅速，且编写人员的技术水平和实践经验有限，书中难免会出现欠妥之处，敬请广大读者及同仁批评指正。

编 者

二维码索引

序号	名称	二维码	页码	序号	名称	二维码	页码
1	微课　自动售检票系统的架构		6	8	微课　自动售票机的外部结构		43
2	微课　中央计算机系统		16	9	微课　自动售票机的内部结构		44
3	微课　车站计算机系统		17	10	动画　纸币处理单元工作原理（成功交易流程）		47
4	微课　车票媒介		23	11	动画　纸币处理单元工作原理（取消交易流程）		47
5	微课　车票的类型		27	12	动画　纸币处理单元工作原理（无效币处理流程）		47
6	微课　车票的发行和使用		31	13	微课　硬币处理单元		48
7	微课　自动售票机简介		40	14	动画　硬币处理单元交易流程（无效币处理流程）		50

（续）

序号	名称	二维码	页码	序号	名称	二维码	页码
15	动画 硬币处理单元交易流程（取消交易处理流程）		50	24	微课 半自动售票机的基本处理流程		76
16	动画 硬币处理单元交易流程（有效币处理流程）		51	25	微课 半自动售票机的操作		77
17	动画 硬币处理单元交易流程（找零处理流程）		51	26	微课 半自动售票机的常见故障		88
18	动画 硬币处理单元交易流程（后台处理流程）		52	27	微课 自动检票机的分类		94
19	微课 车票处理装置		53	28	微课 自动检票机的总体结构		96
20	微课 自动售票机其他模块		53	29	微课 自动检票机的阻挡装置		100
21	微课 半自动售票机的功能		66	30	微课 自动检票机的传感器		103
22	微课 半自动售票机的结构		70	31	微课 自动检票机的车票处理装置		103
23	微课 半自动售票机的系统状态		75	32	微课 自动检票机的常见故障		117

CONTENTS

目　录

前言

二维码索引

项目1　城市轨道交通自动售检票系统概述 ………………………………………… 1
　【项目概述】 ……………………………………………………………………………… 1
　【相关知识】 ……………………………………………………………………………… 2
　　一、自动售检票系统概述 ……………………………………………………………… 2
　　二、自动售检票系统的架构 …………………………………………………………… 6
　【项目实施】 ……………………………………………………………………………… 10
　【项目评价】 ……………………………………………………………………………… 12
　【拓展知识】 ……………………………………………………………………………… 12
　【思考练习】 ……………………………………………………………………………… 13

项目2　计算机系统 ……………………………………………………………………… 15
　【项目概述】 ……………………………………………………………………………… 15
　【相关知识】 ……………………………………………………………………………… 16
　　一、中央计算机系统 …………………………………………………………………… 16
　　二、车站计算机系统 …………………………………………………………………… 17
　【项目实施】 ……………………………………………………………………………… 18
　【项目评价】 ……………………………………………………………………………… 20
　【拓展知识】 ……………………………………………………………………………… 20
　【思考练习】 ……………………………………………………………………………… 21

项目3　车票媒介 ………………………………………………………………………… 22
　【项目概述】 ……………………………………………………………………………… 22

【相关知识】 ……………………………………………………………… 23
　　一、车票媒介的种类 ……………………………………………… 23
　　二、车票的类型 …………………………………………………… 27
　　三、车票的发行和使用 …………………………………………… 31
【项目实施】 ……………………………………………………………… 35
【项目评价】 ……………………………………………………………… 36
【拓展知识】 ……………………………………………………………… 37
【思考练习】 ……………………………………………………………… 37

项目 4　自动售票机 …………………………………………………… 39

【项目概述】 ……………………………………………………………… 39
【相关知识】 ……………………………………………………………… 40
　　一、自动售票机的功能 …………………………………………… 40
　　二、自动售票机的工作模式 ……………………………………… 41
　　三、自动售票机的结构 …………………………………………… 43
　　四、自动售票机的操作 …………………………………………… 55
　　五、自动售票机的维护和常见故障 ……………………………… 58
【项目实施】 ……………………………………………………………… 61
【项目评价】 ……………………………………………………………… 62
【拓展知识】 ……………………………………………………………… 63
【思考练习】 ……………………………………………………………… 63

项目 5　半自动售票机 ………………………………………………… 65

【项目概述】 ……………………………………………………………… 65
【相关知识】 ……………………………………………………………… 66
　　一、半自动售票机的功能 ………………………………………… 66
　　二、半自动售票机的结构 ………………………………………… 70
　　三、半自动售票机的处理流程 …………………………………… 75
　　四、半自动售票机的操作 ………………………………………… 77
　　五、半自动售票机的维护和常见故障 …………………………… 85
【项目实施】 ……………………………………………………………… 89
【项目评价】 ……………………………………………………………… 90
【拓展知识】 ……………………………………………………………… 91
【思考练习】 ……………………………………………………………… 91

项目 6　自动检票机 …………………………………………………… 93

【项目概述】 ……………………………………………………………… 93

【相关知识】 94
    一、自动检票机的功能 94
    二、自动检票机的结构 96
    三、自动检票机的工作模式 105
    四、自动检票机的操作 108
    五、自动检票机的维护和常见故障 114
【项目实施】 118
【项目评价】 119
【拓展知识】 119
【思考练习】 120

参考文献 122

项目 1

城市轨道交通自动售检票系统概述

【项目概述】

自动售检票系统涉及面广、集成度高、应用性强、社会影响大,它是计算机技术、通信技术、网络技术、数据库技术、系统集成技术、信息处理技术等在城市轨道交通领域综合应用的体现。本项目将介绍自动售检票系统的定义、内涵和架构等内容。

【学习目标】

1) 了解自动售检票系统的定义、内涵等。
2) 熟悉自动售检票系统的架构和组成。

【素养目标】

培养城市轨道交通自动售检票系统岗位的职业意识。

【相关知识】

一、自动售检票系统概述

自动售检票系统（Automatic Fare Collection，AFC）是以磁卡或智能卡为车票介质，利用自动售票机、半自动售/补票机、自动检票机、查询机等终端设备，通过计算机网络实现城市轨道交通运营中的自动售票、自动检票、自动收费、自动统计的封闭式票务管理自动化系统。

自动售检票系统是通过对计算机、统计、财务等专业知识的综合运用，来实现城市轨道交通的售票、检票、计费、收费、统计、清分结算和运行管理等全过程的自动化系统，同时为决策部门提供客流、收入等各类信息支持。

自动售检票系统是乘客直接面对和使用的一套系统，一定程度上代表着运营企业的形象。

1. 自动售检票系统的主要工作内容

城市轨道交通自动售检票系统由中央计算机系统、车站计算机系统、终端设备、车票媒介、网络、各种接口和运作制度组成。其主要工作内容如下：

1）实现中央系统、车站系统和终端设备之间的数据传输和处理。
2）完成车票制作、售票、检票、票务统计分析等工作。
3）及时、准确地进行客流、票务数据的收集、整理、汇总和分析。
4）实现城市轨道交通收益方的清分结算以及与关联系统等外部接口之间的清分结算，同时可通过银行或金融机构实现账务划拨。

2. 自动售检票系统的特点

自动售检票系统是城市轨道交通运营管理的重要子系统之一，其特点主要体现在以下几个方面。

（1）人性化 自动售检票系统为乘客设置了符合人体工程学的自动售票机和自动检票机（闸机），方便了乘客的购票和检票过程，同时提供符合地方特色的操作方式。

（2）客流导向 自动售检票系统可方便地实现乘车路径指引和优惠票价管理，可以通过票价设定来为乘客提供导向性服务，实现柔性的乘客自主对出行路径或时段的选择，合理调整客流分布。

（3）社会效益 一方面可通过自动售检票系统对区域交通客流状况进行调整，对社会生活产生影响；另一方面可通过自动化的设施影响人们的行为模式，规范管理模式，克服票务工作中的舞弊行为。

（4）提供信息支持 自动售检票系统能够提供客流量、票务收入等统计信息，为城市轨道交通的运营、规划和管理决策提供信息支持。

（5）提高运行效率 城市轨道交通运营单位可根据自动售检票系统的客流信息及时调

整运行组织，合理安排运能，提高运行效率。

（6）**强化安全管理** 借助自动售检票系统付费区的封闭条件，可对乘客在车站内的行为进行管理。在紧急情况下，可通过闸机的禁行和放行措施疏导人群，实现安全管理。另外，可通过闸机的"关隘"作用，协助社会治安管理。

（7）**提升形象** 自动售检票系统增加了城市轨道交通与乘客的操作交互性和乘客的主动性，良好的应用效果可以提升运营企业和所在地区的形象。

3. 自动售检票系统的应用背景

自 20 世纪 80 年代北京市建成首条城市轨道交通线以来，我国经历了从曾经的单条线路、小运量、单线运营到现在的多条线路、大运量、网络化运营的发展历程，票价也由最初单线路的单一票价发展到现在多线联网的分级票价，由此推动了售检票系统的不断创新与进步——由最初的人工售检票到半自动售检票发展到现在的自动售检票。

自动售检票系统既适用于单条城市轨道交通线路，也适用于多线路组成的城市轨道交通路网。

单条线路的自动售检票系统包含终端设备、车站系统和中央系统，其特点是在单条线路建立完整的自动售检票系统，具备票卡管理、票款管理及运营管理等所有功能。

路网的自动售检票系统根据要求不同，可分为三类：

第一类系统较紧凑，可在一个系统内进行收费区内的直接换乘，即通过统一车票制式及票卡管理、统一管理票价表等全路网参数，实现在不同线路间收费区内的直接换乘，但系统扩展性差，不适合大型路网。

第二类是在第一类的基础上进一步实现对全路网票务收益的清分、对账、结算，使自动售检票路网运营管理中心具备账务清分结算功能。

第三类在第二类的基础上进行完善，支持对客流状况进行适时监督等运营管理功能，并能通过对交易信息的分析、挖掘，辅助运营管理与宏观决策。

为保证城市轨道交通的可持续发展以及自动售检票系统的稳定运行，在系统建设初期，就应对自动售检票系统进行总体规划。即使是刚刚起步建设第一条城市轨道交通线路的城市，也应该从路网角度来考虑功能需求，在考虑技术应用周期及设备使用生命周期的情况下，合理安排功能和容量的扩展项目。

4. 自动售检票系统涉及的信息技术

城市轨道交通自动售检票系统是涉及机电一体化、信息识别、信息处理、信息安全、信息管理、网络通信、数据库处理、智能卡、过程控制、测试技术、仿真技术、图像处理技术、操作系统和集成等多种技术的大型信息系统。

城市轨道交通自动售检票系统的技术基础主要是信息技术，城市轨道交通自动售检票系统从系统构架的各方面到使用效应，均与信息技术密切相关，如图 1-1 所示。

自 20 世纪 90 年代起，信息技术结合互联网技术在全球掀起信息化发展高潮。在信息技术发展的推动下，城市轨道交通自动售检票系统的实现技术及其信息化程度有了一次飞跃式的发展，主要体现在以下几个方面：

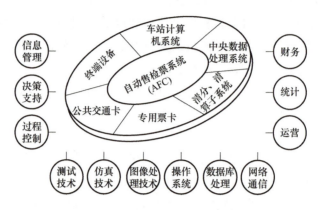

图 1-1　自动售检票系统和信息技术

1）在线路内部通信传输网技术中，同步数据分层网逐渐替代了开放式传输网。

2）在线路中央级和车站级网络技术中，随着以太网技术和光传输技术的成熟，网络抗干扰能力更强、可靠性更高、传输速率更快、扩展更灵活、成本更低、施工更简单。

3）在组网技术方而，采用了组网构架更具灵活性、更适合资源部署、更适合整合及应用软件部署、防攻击及安全性更强的 TCP/IP 通信协议。

4）计算机处理性能全面升级，成本越来越低、处理速度越来越快，使自动售检票系统的处理速度越来越快，车站和中央计算机系统的处理能力越来越强大，可管理的内容越来越丰富。

5）大容量、高速联机存储技术使海量票务交易数据的联机存储变得更加容易实现。

6）图像处理技术的发展，使乘客显示器的图形界面等成为较易实现的目标。

7）仿真技术的进步和引入，使得很多的建模和调试可以与生产系统分离，也使得方案验证更完善，系统扩展更可靠、方便，生产系统更成熟、稳定。

8）集成电路技术的发展使车票媒介能携带的信息更多，抗干扰能力更强、成本更低，既增强了票卡的可用性，又使终端设备结构得到极大简化、维护更方便。

9）非接触的射频技术使得操作更加简便，安全性和可用性大大提高。

10）系统集成技术的发展，使自动售检票系统需要的各种支持设施更加易于整合，使系统实现了更高的可靠性、可用性和扩展性。

5. 国内外自动售检票系统的发展概况

1967 年，世界上第一套自动售检票系统在法国巴黎地铁安装使用。

1999 年 3 月，上海地铁 1 号线开通自动售检票系统，采用循环使用的卡型塑质磁票。2005 年 12 月，上海建立了新标准的自动售检票网络化系统，完成了对原来的地铁 1 号线、2 号线、3 号线系统改造，建立了 4 号线、5 号线自动售检票系统，设立路网清分中心，负责票卡发行、数据汇集处理。

广州地铁 1 号线采用美国 CUBIC 公司的磁卡自动售检票系统，并于 1999 年初全线投入使用。广州地铁 1 号线、2 号线、3 号线、4 号线均采用计程、计时票价制，使用非接触 IC 卡车票实现换乘。

2003 年 12 月 31 日，北京第 1 套单线自动售检票系统在地铁 13 号线投入使用。2008 年 6 月 9 日，北京城市轨道交通路网自动售检票系统投入使用，真正意义上实现了"一卡通行、一票通行"和无障碍换乘。

6. 自动售检票系统的发展方向

随着城市轨道交通的快速发展、相应技术的进步以及不同政策组合的灵活应用，自动售检票系统总的发展趋势是标准化、简单化、集成化和人性化。

(1) 标准化 为实现城市轨道交通售检票系统的简捷和大集成，必须制定标准和规范，统一系统设备和终端设备，使系统达到互联互通，采用统一的车票媒介，实现不同线路之间的方便换乘。

(2) 简单化 为适应快节奏的社会生活，乘客必然选择操作简单、出行高效的交通工具。城市轨道交通自动售检票系统必然向操作简单化方向发展。自动售检票系统的简单化包括：

1) 将复杂的自动售检票系统通过系统集成，简化乘客的使用操作。
2) 通过人性化的设计，提高乘客的操作效率。
3) 随着认知和科技水平的不断提高，系统架构和措施更容易实现。

(3) 集成化 城市轨道交通路网的形成使自动售检票系统规模越来越大，同时，城市轨道交通与其他交通方式之间的关系越来越密切，互相兼容、联乘优惠、跨系统结算等必然造成各种系统的关联度越来越高。建立统一、标准化、跨平台、跨系统的自动售检票系统应用平台是未来自动售检票系统发展的必然方向。

采用中间件技术、通信技术和数据交换技术，构建可靠、安全、易用、可扩展、互联性高的系统架构，是自动售检票系统的要求，也是发展趋势。在实施过程中，必须注意针对自动售检票系统数据结构的特点和系统对安全性的要求，加强系统的集成管理，以满足自动售检票系统规模扩大和关联度增加的要求。

(4) 人性化 自动售检票系统本来就是应用和利益密切结合的系统，从"以人为本"的理念出发，自动售检票系统的操作方式和界面必然越来越人性化。自动售检票系统的人性化包括：

1) 根据人体工程学基本原理设计终端设备的人机界面。
2) 设计符合乘客习惯的操作方式。
3) 设计合适的出、入口通道，方便坐轮椅、推折叠式婴儿车的乘客。
4) 系统能向人们提供越来越多的相关信息。

总之，随着科学技术的进步和人们对出行便捷程度、舒适性要求的提高，城市轨道交通自动售检票系统的自动化程度会越来越高，对管理的支撑作用也将越来越大。

二、自动售检票系统的架构

微课 自动售检票系统的架构

1. 自动售检票系统的层次结构

城市轨道交通自动售检票系统的层次结构一般包括 5 层，如图 1-2 所示。第 1 层是城市轨道交通清分系统和城市公共交通清算系统；第 2 层是线路中央计算机系统；第 3 层是车站计算机系统；第 4 层是车站终端设备；第 5 层是车票层。

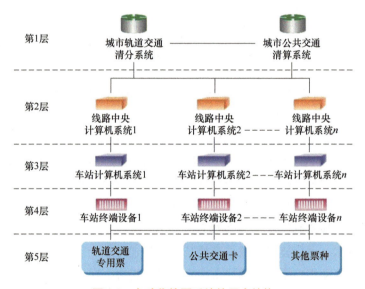

图 1-2 自动售检票系统的层次结构

2. 自动售检票系统的组成

根据自动售检票系统层次结构的参考模型，自动售检票系统在对乘客一次乘车的完整处理过程中，系统的清分系统、线路中央计算机系统、车站计算机系统、车站终端设备和车票媒介协同作业，各行其责，共同完成完整的处理。

（1）清分系统 清分系统又称为路网计算机系统，它需要对整个路网进行运营管理和票务管理。路网计算机系统依据收益清分管理需求确定系统是否具有跨线换乘清分的功能，保证票务交易数据的安全、不可抵赖和有效性，并决定系统的构架和组成。路网计算机系统的应用功能包括车票管理、车票发行、票务清分、票务结算、财务管理、运营参数管理、票务参数管理、安全管理、报表统计、运营模式管理、运营监控、票务监控监视、系统维护和接入测试以及与外部接口（如银行系统或允许在轨道交通内使用的外部卡发行商清算系统等）交换数据等。

（2）线路中央计算机系统　线路中央计算机系统负责线路自动售检票系统自动运行监控和票务信息管理，包括采集汇总、转发、分类统计、客流分析、营收款统计以及与路网其他中央计算机数据处理系统的数据交易转发、对账和结算等处理；还需具有与外部卡发行商清算系统之间的通信接口，包括外部卡在本线路内的各种票务数据转发、确认双方票务交易数据的一致性、日切统计对账和财务结算等处理。

（3）车站计算机系统　车站计算机系统负责把车站内的各种自动售检票系统的终端设备产生的票务交易数据、设备运行状态和维护日志等上传给线路中央计算机系统，并接收线路中央计算机系统下发的各种运行参数和命令等。车站计算机系统中的车站计算机负责与本站各类自动售检票终端设备的通信和接收自动售检票终端设备主动发送的票务交易数据和设备状态等数据，下发运行参数和相关命令等。车站计算机系统具有独立的自动售检票运营监控、票务监控和分类统计等管理功能。

（4）车站终端设备　车站终端设备根据票务规则验证车票和进行车票费用处理，收集票务信息并上传，同时接收车站计算机系统的命令和参数。

自动售检票系统中的车站终端设备根据用途划分主要包括：分拣编码机、自动检票机、自动售票机、半自动售/补票机、自动加值机、便携式验票机等类型。

（5）车票媒介　目前经常采用的车票媒介有视读印刷票、机读印刷票、磁卡票、智能卡等。终端设备与处理的票卡相关。

由于车票媒介决定了车站终端设备的选型，所以车票媒介的选择是一个非常重要的环节。目前，广泛应用非接触式 IC 卡作为城市轨道交通车票。随着新型支付技术的发展，产生了二维码、银联闪付卡等类型的电子车票。

3. 自动售检票系统的基本架构

在城市轨道交通路网中，考虑投资主体、运营管理、换乘方式、城市轨道交通线路的构成等因素，以及票务处理、票务分析和票务结算系统的需求，自动售检票系统的基本构架一般有线路式架构、分散式架构、区域式架构、完全集中式架构、分级集中式架构 5 种。

（1）线路式架构　线路式架构的自动售检票系统符合运营线路独立管理自动售检票系统和票务的设想。线路式架构示意图如图 1-3 所示。

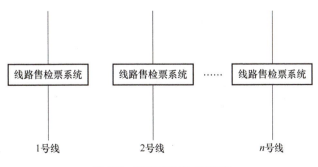

图 1-3　线路式架构示意图

在线路式架构中，每条运营线路建有一套独立的自动售检票系统，包括中央计算机系统、车站计算机系统、车站终端设备和车票媒介。中央计算机系统完成线路城市轨道交通自动售检票的管理、票务统计和票务结算，并单独与外部卡清算系统连接，实现与外部卡清算系统的交易数据转发、对账和结算等。不同线路之间的自动售检票系统是彼此独立的，票务信息不能共享，无法满足站内跨线换乘票务清分的应用需要。线路式架构的自动售检票系统适用单线式城市轨道交通线路和分离式城市轨道交通线路。

（2）**分散式架构** 城市轨道交通网络由若干个区域构成，每个区域由若干条线路组成，但各个区域相互独立，完成本区域线路的票务处理和运营管理，构成分散式架构。分散式架构示意图如图1-4所示。

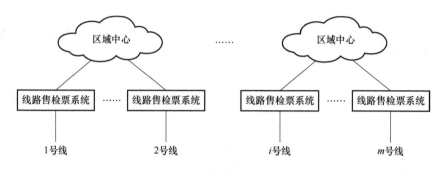

图1-4 分散式架构示意图

区域中心负责获取所管辖范围内线路的交易数据，确定其管辖范围内各线路的换乘结算模式，并对所管辖范围内各线路的跨线交易数据进行实时清分。每一个区域清分中心负责相应区域线路的清分，区域中心与外部卡清算中心连接，交换外部卡交易数据和清分结果。由于区域清分中心是相互独立的，区域清分中心之间不能实现互联，乘客不能跨区域直接换乘，但能够在区域内直接换乘。分散式架构的自动售检票系统能够适用的环境为条状形区域管理的城市轨道交通线路和由一个投资和运营方管理的多条线路。

（3）**区域式架构** 区域式架构是在分散式架构和线路独立式架构基础上设置一个路网中心，其示意图如图1-5所示。

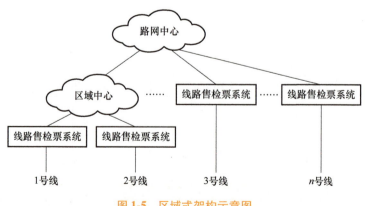

图1-5 区域式架构示意图

路网中心直接与独立线路的售检票系统连接，同时与区域中心连接，区域中心直接与所管辖线路的自动售检票系统连接。区域中心负责获取所管辖线路的交易数据，确定其管辖范围内各线路的换乘清分方式和结算，并对所管辖范围内各线路的跨线交易数据进行实时清分。路网中心负责获取全路网交易数据，确定区域中心和其余各线路的换乘结算方式和数据公共接口，并对区域中心和其余各线路的跨线交易数据进行实时清分。路网中心具有与外部卡清算系统的接口，用于转发数据、对账和结算等。区域式架构的自动售检票系统能够适用于由区域式线路和独立线路构成的城市轨道交通网络。

（4）**完全集中式架构** 完全集中式架构是将城市轨道交通网络中所有的线路拟为一条路网式线路，设置一个路网中心，线路上的车站计算机系统集中后通过通信设备直接与路网中心连接，即不设置线路中央系统进行相应的清分处理。路网中心相当于自动售检票系统的中央数据处理系统，负责获取全路网的所有交易数据并负责各线路的数据处理和结算，同时负责线路的运营管理。其示意图如图1-6所示。

完全集中式架构的自动售检票系统的路网中心（中央数据处理系统）与各独立线路的车站系统直接连接，路网中心替代线路中央系统的职责，同时负责对各线路的清分、统计和管理。路网中心负责全路网所有线路单程票/储值票交易数据的收集、处理、清分、对账和结算处理，负责路网所有线路外部卡交易数据的收集、转发、处理、清分，负责路网车票的统一编码和管理，负责与"公共交通卡"清算中心的清分。全路网数据的管理与结算由路网中心独立完成。完全集中式架构的自动售检票系统适用于单一线路或运营商和多个独立的运营商管理的线路。

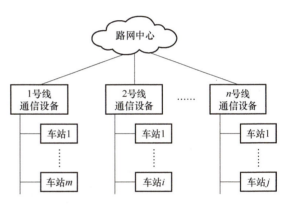

图1-6 完全集中式架构示意图

（5）**分级集中式架构** 分级集中式架构是在线路式架构的基础上设置一个路网中心，路网中心负责获取全路网交易数据，确定各线路的换乘结算方式和数据公共接口，并对各线路的跨线交易数据进行实时清分。其示意图如图1-7所示。

分级集中式架构的自动售检票系统的路网中心直接与各独立线路售检票系统的线路中央计算机系统连接，路网中心负责对各独立的线路进行清分、统计和管理。路网中心负责全路网所有线路售检票系统单程票/储值票换乘交易数据的收集、处理、清分和清算，负责路网所有线路外部卡交易数据的收集、转发、处理、清分和结算，负责路网车票的统一编码和管理，负责与外部卡清算中心的统一接口处理。线路中央计算机系统负责线路交易数据的收集、处理、分析和管理，并与路网中心交换数据。清分交易数据的管理由路网中心与线路中央计算机系统共同完成。分级集中式架构的自动售检票系统能够满足城市轨道交通网络化的基本需求。分级集中式票务系统根据功能可分为5个层次：第1层是全网络票务系统的汇集层；第2层是各线路票务系统的线路中央层；第3层是各线路票务系统下属的车站层；第4层是终端设备层；第5层是车票层。

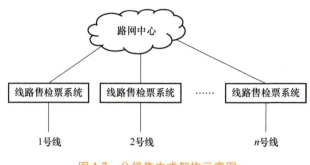

图1-7　分级集中式架构示意图

【项目实施】

城市轨道交通自动售检票系统层次认识与操作实践

[实施目的]

1）认知城市轨道交通自动售检票系统构成图。
2）会画具体的系统设备构成图。
3）熟悉车站计算机系统设备组成和功能。
4）熟悉自动售检票系统终端设备的组成和功能。

[实施仪器及设备]

城市轨道交通实训基地自动售检票系统。

[实施内容及步骤]

在城市轨道交通实训基地自动售检票系统中认识：
1）车站自动售检票系统层次（图1-8）。
2）车站自动售检票系统设备构成（图1-9）。
3）自动检票机。自动检票机又称为闸机，位于车站的付费区和非付费区之间，位于车站的站厅层。隐藏门式自动检票机包括进站检票机、出站检票机、双向检票机、双向宽通道检票机四类。正常模式下，乘客在进入自动检票机前，把车票放到车票读写器上，主控单元控制车票读写器读入车票信息并按运营模式的参数表对信息进行处理。若车票有效，主控单元通过串口控制闸门打开，允许乘客通过检票机。
4）自动售票机。自动售票机安装在车站非付费区内，由乘客采用自助的方式使用现金

项目1 城市轨道交通自动售检票系统概述

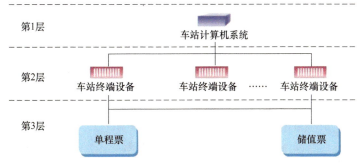

图 1-8 车站自动售检票系统层次

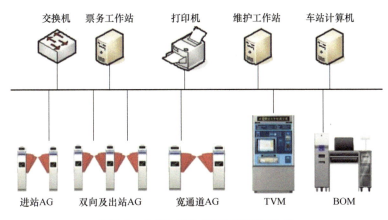

图 1-9 车站自动售检票系统设备构成

或电子支付购买单程票或对储值票充值。自动售票机的工作模式主要有以下几种：正常运行模式、无找零模式、只收硬币模式、只收纸币模式、维修模式、维护模式、只充值模式、只售票模式、暂停服务模式、关闭。

5）半自动售票机。半自动售票机安装在售票亭和补票亭内，地铁工作人员先对票卡进行确认，然后地铁工作人员按照乘客要求进行售票和补票等业务。它主要发售各种类型的车票，同时兼有补票、对车票进行查验和票据打印的功能。

6）自动验票机。自动验票机设置于车站非付费区，采用联网方式，用于乘客自助式查询车票内记录的历史交易信息。自动验票机还能显示乘客服务信息，包括自动售检票系统介绍、自动售检票系统使用指南和其他公告信息等，该信息可作为系统参数由车站计算机下载到设备中。

[报告要求]

1）根据实际车站情况画出车站自动售检票系统层次图。
2）根据实际车站情况画出车站自动售检票系统设备构成图。

【项目评价】

评价表

序号	考核要素	配分	评分细则	评分
1	绘制车站自动售检票系统层次图	5 分	层次清晰	
		20 分	内容准确	
		5 分	绘图规范	
2	绘制车站自动售检票系统设备构成图	5 分	分类清晰	
		20 分	内容准确	
		5 分	绘图规范	
3	实验操作	10 分	操作符合规范,安全意识强	
4	实验报告	5 分	内容完整	
		5 分	格式规范	
		20 分	报告正确	
	合计配分	100 分	合计评分	

【拓展知识】

我国城市轨道交通自动售检票系统行业发展历程及前景

自动售检票系统是城市轨道交通为社会提供服务的窗口,是运营收益核算的信息源点,该系统建设的主要目的一是解决自动售票、检票问题,提供灵活的收费方式和票务管理手段;二是由多家运营商路网运营,履行路网内票务管理、收益管理等功能,使企业经营在成本、质量、服务等方面得到巨大的改善。

我国的城市轨道交通自动售检票系统最初是来自国外。20 世纪国外经济发达城市的城市轨道交通早已普遍采用了自动售检票系统,并发展到相当先进的技术水平。我国北京地铁一期工程线路开始试运营后的近 20 年时间里都是使用纸质车票,没有自动售检票的设备,一切都靠人工进行。直到 20 世纪 80 年代末,上海地铁开始自主研制自动售检票系统,并在地铁 1 号线的徐家汇等车站成功试用,结束了人工售检票服务的时代,开启自动售检票系统之路。从自动售检票系统发展角度来看,我国走过的发展历程可以分为 3 个阶段,第 1 阶段是"引进+合作"发展阶段,第 2 阶段是国产化蓬勃发展阶段,第 3 阶段是"互联网+"发展阶段。

20 世纪 90 年代开始,我国以学习国外成功系统经验为主,开始对自动售检票系统的功能进行设置,我国地铁自动售检票系统开始进入"引进+合作"发展阶段。这一阶段,由于国内自动售检票系统潜在需求市场不断扩大,因此一大批国内的高新科技企业被吸引并纷纷入局,积极与国外厂家合作,引进、消化国外先进技术。

从 2004 年开始，我国自动售检票系统行业的从业者们逐渐形成共识，开始建立统一的自动售检票系统规范和标准。从 2003 年开始，国家便陆续发布了《地铁设计规范》（GB 50157—2003）等文件，促使我国自动售检票系统在国家层面上形成了一套涵盖设计、建造、检测和验收全过程的标准体系。在此政策环境下，国内自动售检票系统企业凭借着与外国自动售检票系统厂商合作经验以及在金融、公交等领域的技术积累，快速崛起，并打破了外国厂商垄断，逐步争夺我国城市轨道交通自动售检票系统市场，使得国外企业逐步退出我国自动售检票系统市场。2015 年，韩国三星 SDS 宣布撤出中国城市轨道交通自动售检票系统市场，标志着外国企业在我国城市轨道交通自动售检票系统集成领域的全面退出。

2015 年之后我国进入"互联网+"发展阶段。这一阶段国内企业将互联网等新技术运用到自动售检票系统上，"互联网+"与自动售检票系统不断深入融合，衍生出云平台、云闸机和云售票机等各式新型设备。现如今，我国具有交易成本低、交易速度快捷、高度匿名性和货币数量固定等特点和优势的数字货币正在快速发展，这或将助力我国城市轨道交通自动售检票系统行业发展进入一个新的发展阶段。

城市轨道交通作为基建的重要组成部分，其发展意义重大。在《"十四五"现代综合交通运输体系发展规划》中，预期在 2025 年城市轨道交通运营里程达 10000km。可以看到未来我国城市轨道交通建设发展前景可观，而自动售检票系统作为城市轨道交通建设的必需品，未来其发展前景同样十分广阔。

目前，城市轨道交通智能化系统在城市轨道交通智能化、信息化、数字化发展中起到至关重要的作用，未来智慧城市中城市轨道交通发展将会是必然趋势，且智慧城轨建设将为我国城市轨道交通自动售检票行业发展带来巨大发展机遇，尤其是在电子支付、实名制信用消费售检票系统等领域，将会成为我国城市轨道交通自动售检票行业市场规模增长的新动力。

【思考练习】

一、单项选择题

1. 1967 年，世界上第一套自动售检票系统在（　　）地铁安装使用。
   A. 美国纽约　　　　B. 法国巴黎　　　　C. 英国轮渡　　　　D. 日本东京

2. （　　）年 6 月 9 日，北京城市轨道交通路网自动售检票系统投入使用，真正意义上实现了"一卡通行、一票通行"和无障碍换乘。
   A. 2008　　　　　　B. 2010　　　　　　C. 2006　　　　　　D. 2012

3. 自动售检票系统简称（　　）。
   A. TVM　　　　　　B. ATM　　　　　　C. AFC　　　　　　D. ACF

4. （　　）负责整条线路自动售检票系统的自动运行监控和票务管理。
   A. 票务清分中央计算机系统　　　　B. 线路中央计算机系统
   C. 车站计算机系统　　　　　　　　D. 终端设备层

5. 下列设备中，（　　）处于车站付费区与非付费区的交界处。

A. 自动售票机 　　　　　　　　　B. 半自动售票机
C. 自动检票机 　　　　　　　　　D. 自动查询机

二、多项选择题

1. 自动售检票系统是通过对计算机、统计、财务等专业知识的综合运用，来实现城市轨道交通的（　　）、收费、统计和运行管理等全过程的自动化系统。

A. 售票 　　　　B. 检票 　　　　C. 计费 　　　　D. 清分结算

2. 车站终端设备包括（　　）等。

A. 自动售票机 　　　　B. 半自动售票机 　　　　C. 自动检票机
D. 自动查询机 　　　　E. 便携式验票机

三、简答题

1. 什么是自动售检票系统？
2. 城市轨道交通自动售检票系统一般包括哪5种架构？

项目 2

计算机系统

【项目概述】

计算机系统包括中央计算机系统和车站计算机系统。本项目将介绍计算机系统的组成和功能等内容。

【学习目标】

1）了解中央计算机系统的组成和功能。
2）了解车站计算机系统的组成和功能。

【素养目标】

培养计算机系统岗位的职业能力。

【相关知识】

一、中央计算机系统

中央计算机（Central Computer，CC）系统是自动售检票系统的管理控制中心。

微课　中央计算机系统

1. 中央计算机系统概述

中央计算机系统可分为票务清分中央计算机系统和线路中央计算机系统，分别安装在票务中心和各线路控制中心内，用于不同的管理和控制目的。

票务清分中央计算机系统主要负责对各线路上传的自动售检票系统数据进行汇总、分析、处理和传送，确保实现各运营线路的独立核算；对运营网络内各线路中央计算机系统下发清分数据、黑名单、费率表等；能根据预置的程序对各类优惠政策的数据和与其他城市公共交通工具接驳的相关数据进行统计分析和传输。

线路中央计算机系统是线路自动售检票系统的管理控制中心。线路中央计算机系统与各车站计算机系统进行通信；可自动采集全线路自动售检票系统的交易数据和设备运营状态信息，进行财务和客流统计；能向车站计算机系统下发费率表、优惠表、黑名单及其他参数和控制命令至各相关终端设备。

线路中央计算机系统将需要清分的信息上传给清分系统，接收清分系统下发的清分数据、黑名单、费率表等数据，实现系统数据的集中采集、统计及管理，实现系统运营、收益及设备维护集中管理，实现对本线路自动售检票系统内所有设备的监控。

线路中央计算机系统可通过通信系统的时钟子系统获取标准时间，自动进行同步，并将标准时间信息下发至车站计算机和各终端设备。线路中央计算机系统有备份和恢复功能及灾难恢复功能。

2. 中央计算机系统的组成

中央计算机系统由若干台服务器、磁盘阵列、磁带机、工作站（系统管理工作站、数据管理工作站、网络通信管理工作站、参数下载工作站、票卡管理工作站、设备监控工作站、报表查询工作站、中央及远程维修工作站）、千兆交换机和路由器等局域网设备、打印机、不间断电源及编码机等组成。

3. 中央计算机系统的功能

1）收集和保存车站计算机上传的各类有关票务、账务、客流、车站设备运行状态等数据。

2）监视和控制所有车站设备的运行状态。

3）设置系统运营参数及系统运行模式，并下达给车站计算机和车站设备。

4）按照设定的周期（日、月、季、年）处理和统计收集到的各类数据，生成相应的各类报表并打印。

5）时钟同步功能。

二、车站计算机系统

车站计算机（Station Computer，SC）系统是负责管理车站票务、运营、客流等的计算机系统，通常安装在车站控制室。

微课　车站计算机系统

1. 车站计算机系统的组成

车站计算机系统负责将车站内的各种票务数据和设备状态等上传到线路中央计算机系统，并接收其下发的票务参数、运行参数和运行模式命令等。车站计算机系统还负责与车站范围内各终端设备的通信和数据交换。车站计算机系统位于车站内，由车站计算机（车站服务器）、工作站、网络设备、不间断电源、紧急按钮和联网的各种终端设备等组成。

（1）车站计算机　车站计算机可以选择具有双 CPU 插槽的 PC 服务器或工控级 PC 服务器，内存宜不少于 1GB，具有多个硬盘插槽和磁盘阵列卡；宜配置双电源、双网卡和双风扇，并可安装内置磁带驱动和 DVD-RW 驱动。

操作系统宜选择 Linux 或 Windows Server 和关系式数据库管理系统。

开发语言宜使用 Linux C++或 MS VC++。

（2）工作站　车站计算机系统的票务和操作工作站可以选用工业标准的 PC 机，一般要求内存不少于 512MB、硬盘容量不小于 40GB，并至少配有 100 BaseTx 网卡和 CD-ROM。

操作系统可使用 Windows 7 或 Windows 10。

开发语言可以使用面向对象的程序设计语言。

（3）网络设备　应选用合适的网络交换机，采用星形或星环形以太网组建车站计算机系统的局域网。

（4）不间断电源　不间断电源需要支持一定时间的后备供电，并支持简单网络通信，能够通知关键设备自动卸载系统和关机。

（5）紧急按钮　紧急按钮通常安装在车控室或站台上，当发生紧急情况时，通过紧急按钮可以触发所有进、出站检票机自动开放，同时与车站计算机系统联动控制其他相关设备。

（6）终端设备　终端设备由专用部件和控制部分组成。建议控制部分采用工控级单板机或计算机，通过嵌入式系统技术完成整个控制、处理程序的开发，以保证终端设备运行的稳定性、可靠性、安全性、正确性和效率。

终端设备一般可包括：

1）自动售票机，一般安装在车站非付费区，由乘客自行操作，实现自助式购票。

2）人工售票机，通常安装在票亭或车站服务中心内，具有售票和补票两种工作模式。设置于非收费区的人工售票机（BOM）负责非收费区内的票务处理，如完成车票发售/赋值、储值票加值、车票进/出站更新等票务工作。设置于收费区内的人工售票机又称为"补票机"（EFO），负责收费区内的票务处理，如车票超程、车票超时、车票进/出站更新、发售免费及付费出站票等票务工作。

3）自动检票机，安装于车站付费区与非付费区的交界处，用于实现乘客的进、出站检票。凡持有效车票的乘客，检票机通道阻挡解除（门扇开启或释放转杆），允许乘客进出站。

4）加值验票机，通常安装在非付费区，负责对储值票进行充值和查验，也可以对单程票进行查验。

5）便携式验票机，是一种移动设备，由车站工作人员随身携带，用来对乘客所持储值票和单程票的有效性进行检验并显示检验结果，为及时解决票务纠纷提供帮助。

车站计算机系统是确保自动售检票系统稳定运行的重要环节，在路网环境中不但承担着承上启下的重要作用，而且还具有"孤岛"运营和管理的处理能力。

2. 车站计算机系统的功能

1）实时监控车站自动售检票系统设备（包括车站计算机和车站终端设备）和网络运行情况，并能直观地在监视器显示出来，具有车站自动售检票系统自诊断、车站设备控制和故障警告等功能。

2）接收来自线路中央计算机系统的有关日期、时间、票价表、黑名单等重要参数，然后将数据下发给车站终端设备。

3）定期采集和存储车站终端设备的车票交易数据、寄存器数据、状态数据、收益管理数据及维护管理数据，处理后传送给线路中央计算机系统。

4）进行每日客流、票务和财务统计，并打印相关运营报表。

5）紧急情况下，通过操作紧急装置或操作车站计算机发出指令，控制车站所有进、出站检票机，解除通道阻挡装置（释放转杆或门式敞开），便于乘客快速疏散。控制所有的自动售票机、加值验卡机等自动退出服务，同时做报警记录。

6）实时操作车站计算机系统使车站终端设备进入特殊运营模式。

【项目实施】

车站计算机系统认知与操作实践

[实施目的]

1）熟悉车站计算机系统的设备组成和功能。

2)学习使用车站计算机系统软件。

[实施仪器及设备]

城市轨道交通实训基地自动售检票系统。

[实施内容及步骤]

1)复习车站计算机系统设备组成和功能。车站计算机系统如图2-1所示。

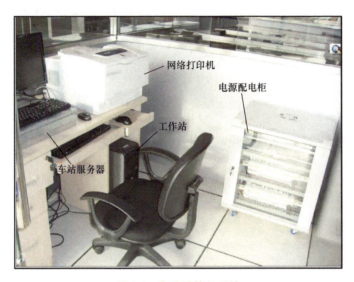

图 2-1　车站计算机系统

2)结合《监控系统使用手册》学习监控系统软件的使用,实现设备监控、客流监控和客流汇总等功能,并完成相应的实验报告。

3)结合《收益管理系统使用手册》学习收益管理系统软件的使用,实现车站进、出站客流统计,售票员结算,TVM差异报表和车站营收日报等功能,并完成相应的实验报告。

[报告要求]

1)简述车站计算机系统的组成和功能。

2)结合《监控系统使用手册》获取以下图片:

① 设备布局监控平面图。

② 历史状态数据查询图。

③ 发送命令图。

④ 客流量统计图。

3)结合《收益管理系统使用手册》获取以下报表:

① 车站进、出站客流统计报表。

② 车站进、出站客流台账。

③ 车站营收日报。

【项目评价】

评价表

序号	考核要素	配分	评分细则	评分
1	车站计算机系统的组成和功能	10 分	能正确地描述车站计算机系统的组成	
		10 分	能正确地描述车站计算机系统的功能	
2	车站监控系统的操作	5 分	能打开设备布局监控平面图	
		5 分	能查询历史状态数据查询图	
		5 分	能正确地发送命令图	
		5 分	能进行客流量统计	
3	收益管理系统的操作	10 分	能获取车站进、出站客流统计报表	
		5 分	能获取车站进、出站客流台账	
		5 分	能获取车站营收日报	
4	实验操作	10 分	操作符合规范，安全意识强	
5	实验报告	5 分	内容完整	
		5 分	格式规范	
		20 分	报告正确	
	合计配分	100 分	合计评分	

【拓展知识】

自动售检票系统检修工：车站售检票设备的守护者

乘客乘坐地铁需购票、刷卡、购票、充值的自动售票机和进、出站的自动检票机等每一台票务设备都离不开自动售检票系统检修工的精检细修。

自动售检票系统驻站班组维修工的主要工作职责有：

1）对自动售检票系统设备进行维修与维护。

2）认真分析所负责维修的设备的故障原因并彻底排除故障。

3）处理有关自动售检票系统设备引起的各类故障问题，并提供技术援助及做好记录。

4）做好自动售检票系统设备的备品、备件及故障待修部件的交接工作，并做好记录。

5）填写、录入各类故障台账、维修记录、交接班记录等，审核完毕后定时上交。

6）当设备发生特殊故障不能及时修复时，及时向班组长、自动化车间相关技术人员反映情况，并按班组长、车间相关技术人员的安排做好相应的措施。

7）负责工作区域的环境卫生，保证安全、文明生产，定期对所在维修场所进行清洁。

8）保管、维护班组的工器具和办公用品，申报消耗材料。

9）与车间生产调度做好沟通，完成任务，保证与车间生产调度通信渠道畅通。

10）积极提出工作合理化建议，参与车间、班组员工工作考评。

11）努力学习维修相关的技术技能，不断提高自身的维修能力与水平。

12）工作中做好防范措施，确保自身、他人及设备的安全。

13）团结友爱，互相帮助，共同努力完成各项任务。

身为地铁人，心系地铁事，自动售检票系统检修工要时刻谨记自己身为地铁维保人的一员，要牢记责任使命，积极进取，勇于担当，争做一枚紧扣安全的"螺丝钉"。

【思考练习】

一、单项选择题

1. （　　）不是中央计算机系统的组成部分。

　A. 服务器　　　　B. 工作站　　　　C. 网络设备　　　　D. 读写器

2. （　　）不是车站终端设备。

　A. 自动检票机　　B. 自动售票机　　C. 加值验票机　　　D. 票务工作站

3. 当紧急情况发生时，可以通过车站计算机系统中的（　　）触发所有进、出站检票机自动开放。

　A. 工控机　　　　B. UPS　　　　　C. 紧急按钮　　　　D. 电源

二、多项选择题

1. 一个典型的中央计算机系统包括（　　）。

　A. 服务器　　　　　　B. 工作站　　　　　　C. 网络设备

　D. 存储设备　　　　　E. 不间断电源

2. 车站计算机系统的组成包括（　　）等。

　A. 车站计算机　　　　B. 工作站　　　　　　C. 网络设备

　D. 紧急按钮　　　　　E. 终端设备

三、简答题

1. 中央计算机系统的功能是什么？
2. 车站计算机系统的功能是什么？

项目 3

车票媒介

【项目概述】

车票是乘客乘车的凭证,车票上记载了有关乘车信息,因此也将其称为车票媒介。本项目将介绍车票媒介与售检票方式、车票类型、车票的发行与使用等内容,还将完成车票的操作训练。

【学习目标】

1) 掌握常见的车票媒介。
2) 掌握车票的类型。
3) 了解车票的发行流程与使用方法。

【素养目标】

培养爱岗敬业的职业精神。

【相关知识】

一、车票媒介的种类

微课 车票媒介

在城市轨道交通售检票系统中,车票是乘客乘车的凭证。车票记载了乘客从购票开始,完成一次完整旅行所需要和产生的费用、时间、乘车区间等信息。不同车票媒介记载信息的方式和数量是不同的,根据信息记载方式的不同,识别方式也不相同。不同的车票媒介对应不同的识别系统。

根据信息认读方式的不同,车票媒介可分为视读和机读两种认读方式;信息记录介质有印刷、磁记录和数字记录 3 种;售检票方式分为人工方式、半自动方式和自动方式,每种售检票方式都要涉及不同的车票媒介和识别技术(由不同的终端设备或人工完成)。不同的售检票方式需要的车票媒介是不同的,而且车票媒介的信息量及读写方式会影响售检票系统的运作方式。不能进行机器识别的车票媒介只能采取人工售检票,对机器识别设备要求高的车票媒介会影响识别效率和系统建设投资。

车票的有效性是通过车票媒介携带的信息识别的,其识别方式可以是人工视读识别,也可以是自动识别。人工识别是通过人的眼睛获取车票的可视信息,确定车票的有效性。自动识别是通过识别装置和被识别物之间的信息交互,自动地获取被识别物的相关信息,并提供给计算机处理系统完成相关处理的一种技术。

目前常见的车票媒介有 3 种:纸质、磁卡和智能卡。

1. 纸质车票

常见的纸质车票有普通纸票和条形码纸票。

(1) 普通纸票 普通纸票是将车票的所有信息都直接印制在车票上,由票务人员视读确认,通过视觉方式识别速度较慢。普通纸票的特点是易仿造,防伪功能差;需人工视读,检票效率低。

普通纸票是在人工方式下大量使用的车票,在票面上能够直观地反映车票编号、出票站点、乘车日期、票款金额、乘车车次、乘车区间以及换乘等信息,对购票者有明示作用,同时便于乘务人员验证和确认。

由于普通印刷票的信息是只读信息,所以普通印刷票不能作为储值票,只能作为单程票或特殊用途的车票,车票的有效性只能由加密图形保证。

图 3-1 所示为北京地铁的普通纸票,其票面信息包括车票价格、车票编号、乘车车次等

信息。

图 3-1　普通纸票

（2）条形码纸票　条形码纸票是将车票的相关信息通过条形码编码存储，由条形码扫描仪完成信息识别，标识的信息只供读取而不能改写。

在条形码纸票中，车票信息是通过条形码编码实现的。条形码由一组规则排列的条和空及相应的字符组成，这种用条、空组成的数据编码可以供机器识读，而且很容易译成二进制数和十进制数。这些条和空可以有各种不同的组合方法，构成不同的图形符号，即各种符号体系，也称码制，适用于不同的应用场合。条形码的大小、长短可以任意调节，能够打印在狭小的空白空间。在纸票上增加条形码会增加车票制作成本，但可提高防伪能力和检票效率。

条形码纸票具有信息存储量较大、自动识别速度较快、读码效率较高、纠错能力较强的特点，可提高检票系统的处理速度和识别性能，有利于车票的自动化检测。但条形码纸票只能在购票时记录站名和发售时间，无法记录进站时间和闸机编号等即时统计信息，对计时制管理模式有一定的影响。另外，条形码信息有限，可复制，安全性能还需提高。

图 3-2 所示为北京地铁的条形码纸票。

图 3-2　北京地铁的条形码纸票

2. 磁卡车票

磁卡车票是在基质上设置磁记录区域，通过磁的性质储存有关的信息，由磁卡读写设备获取相关信息，信息是可修改的。

磁卡是一种利用磁记录特性对有关信息进行记录交换的卡片。它由高强度、耐高温的塑料或纸质涂覆塑料制成，能防潮、耐磨且有一定的柔韧性，携带方便、使用较为稳定、可靠。通常，磁卡的一面有磁涂层（面或条），另一面则印刷有如插卡方向等说明提示性信息。为了简化设备结构，大部分系统的磁卡上会有定位孔槽等标识。

磁卡的结构主要由基质卡片和贴在其上的磁条组成，通常磁条上有 2~3 条存储信息的磁道，ISO 标准明确规定了它的物理特性、磁条的尺寸、位置、读写性能以及各磁道的数据格式等。常用的 3 磁道磁卡，其卡面上有 3 条磁道。磁道 1 与磁道 2 是只读磁道，上面记录的信息在使用时只能读出而不允许改写。磁道 3 为读写磁道，在使用时可以读出，也可以写入。磁道 1 可记录数字（0~9）、字母（A~Z）和其他一些符号（如括号、分隔符等），最多可记录 79 个数字或字母。磁道 2 和 3 所记录的字符只能是数字（0~9）。磁道 2 最多可记录 40 个字符，磁道 3 最多可记录 107 个字符。

磁卡车票技术发展于 20 世纪 70 年代，围绕磁卡车票的自动售检票系统设备应用已久，从技术上讲是比较成熟的，它具有以下优点：

1）可以进行机读，提高了自动化程度。

2）可以方便地进行票卡生产。

但是，它存在以下几个主要问题：

1）使用成本较高，虽然可回收重复使用（如在地铁的应用），但在回收后再投入使用时，要对车票进行消毒处理，并另外提供使用的财务凭证。

2）自动售检票系统要频繁地对磁卡车票进行接触式读/写，不可避免地要投入大量人力物力，以完成对磁头进行消磁和除尘清洗等工作。

3）磁卡车票的自动售检票系统设备由于需要较精密的传输机构，机械结构复杂，精密度要求高，使设备造价较高，对维护人员素质要求也较高。另外，由于机构动作频繁造成机械磨损后的维护成本较大。

4）磁条的读写次数有限制，当磁卡使用到一定次数后，就会对磁条的读写产生影响。

5）容易受强磁场干扰而改变存储内容。

6）由于其密钥是随票携带的，容易被复制伪造。

以磁卡作为车票的自动售检票系统，在世界各地都得到了广泛的应用，给使用者和管理部门都带来了很大的便利，但也暴露了许多问题，如记录容量小，磁条易磨损和划伤，遇到其他外部磁场时极易被磁化而造成数据出错或丢失，磁卡上记录的数据极易被伪造和仿制，磁卡的读写容易产生错误或失败，读写过程时间较长，读写设备构造复杂、故障率高、价格昂贵、维护成本高等。因此，随着时代的发展，在自动售检票领域的磁卡技术将逐步被新技术替代。图 3-3 所示为磁卡车票。

图 3-3 磁卡车票

3. 智能卡车票

智能卡车票是将车票的所有信息储存在车票的集成电路中，由智能卡读写设备获取相关信息，特点是信息储存量大，且可修改。

智能卡又名 IC 卡（Integrated Circuit Card），这种具有智能性记忆又便于携带的卡片，为现代信息处理和传递提供了一种新手段，作为一种新型传媒介质，智能卡已被广泛应用到各领域。

智能卡将具有存储、加密及数据处理能力的集成电路芯片镶嵌于塑料基片中，涉及微电子技术、计算机技术和信息安全技术等。为了进一步促进智能卡在全世界范围内的推广和使用，国际标准化组织于 1987 年专门为智能卡制定了国际标准 ISO/IEC 7816-1、2、3，对接触型智能卡的物理特性、结构尺寸及通信协议做了详细规定。

智能卡按读写距离可分为接触式智能卡和非接触式智能卡。

（1）接触式智能卡 接触式智能卡是将智能卡的绝大部分电气部件进行封装，而将与外部连接的线路做成触点外露，按一定的规则排列接触电极，在进行读写操作时，卡片必须插入读卡器的卡座中，通过触点与读写设备交换信息。

接触式智能卡具有抗磁场、抗静电、抗机械、抗化学破坏能力，容量较大，同时具有一卡多用、加密性较强等优点，但也存在频繁接触，易造成磨损和故障，裸露部分仍易造成芯片错落、静电击穿、弯曲，接触操作速度较慢，影响检票速率等缺点。

（2）非接触式智能卡 非接触式智能卡采用射频原理，通过收发天线与读写设备进行信息交换，不需要与读写设备直接接触。

非接触式智能卡不存在外露接触电极，不怕潮湿和污染，可有效避免系统因频繁接触的机械性摩擦而引发的故障。非接触式智能卡还具有抗磁场和抗静电破坏功能。另外，非接触式智能卡读写不产生机械摩擦现象，不需要与读写机接触，读写无方向性，操作方便，一般读写距离可达 10cm，卡片抗弯折能力强，使用寿命长。

非接触式智能卡由于其制作成本低、使用安全可靠、便于使用者设计专用的读写设备和后台管理系统，具有高安全保密性（难以复制）和大存储容量以及易与计算机系统交换数据等优点，广泛应用于小额电子钱包消费、城市公交行业、城市轨道交通、社会医疗保障、社会补给保障、电子身份识别和电子护照等众多领域。

非接触式智能卡有不同的封装形式，主要包括方卡形智能卡、筹码形智能卡和异形智能卡，分别如图 3-4 ~ 图 3-6 所示。非接触式智能卡车票具有交易快速、简单、可重复使用且不易损耗、存储的数据量大等优点，还具有加密和认证等功能，安全性高，其电子技术的天然优势有助于后台计算机联网和有效处理大量数据。虽然其单程票的成本较高，但其读写设备相比磁卡便宜，能长时间工作，性能可靠且几乎不用维护，所以整

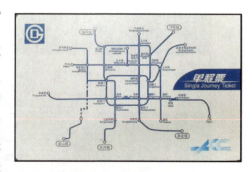

图 3-4 方卡形智能卡

个系统的成本并不高,考虑到目前半导体封装技术的不断发展,非接触式智能卡单程票的价格必将大幅降低,有利于广泛应用。筹码形智能卡与方卡形智能卡在终端设备、系统结构和应用软件等方面基本一致,只是筹码形智能卡的传送可依靠其重力和滚动,而方卡形智能卡则要依靠专门的传输装置。

图3-5 筹码形智能卡

图3-6 异形智能卡

尽管目前非接触式智能卡是最新的技术,但因卡片功能有限,非接触式智能卡还可与手机等移动设备结合起来。目前很多地铁已经可采用手机钱包等进行电子支付,并通过扫描二维码进出检票机。

二、车票的类型

微课 车票的类型

城市轨道交通是高投入、高效益的服务型产品,其高效益主要体现在对社会经济的间接推动和对社会生活的维持上,但可以采取适当的票价策略获得部分经济收益,因而是一项准公共产品。由于不同国家、不同地区所采取的扶持政策不同,因此,各地的票卡种类也存在很大的差异。

根据城市轨道交通的特点,按车票使用性质不同,票卡可分为单程票、储值票和许可票3类;按计价方式不同,票卡可分为计次票、计时票、计程票、计时计程票、计时计次票和许可票6类。

在政府给予城市轨道交通较大幅度直接补贴(如给予城市轨道交通相应的税费减免政策或从政府公共基金中直接划拨相应款项给城市轨道交通)的情况下,城市轨道交通的成本负担较轻,可以增加让利于民的幅度,同时可简化计价方法,此时票卡一般采用以计次为主的计次票、计时票、计时计次票、许可票4类。

在政府不能给予城市轨道交通较大幅度直接补贴的情况下,城市轨道交通的成本负担较重,为回收投资和维护运营需要,必须强化票务收入,此时票卡一般采用以计程为主的计次票、计时票、计程票、计时计程票、计时计次票、许可票6类。

1. 单程票

单程票是指乘客以一定金额购得一次旅程服务承诺,只可以进行一次进站和一次出站行为的车票。通过系统参数设置,可定义单程票的有效期限和区间。单程票一般分为以下几种:

(1)普通单程票 普通单程票如图3-7所示,它是单程票中使用最多、最广的一种车票,乘客购票时完成对票卡的赋值。票卡当日当站(按参数设置)限时限距使用,出站回收。

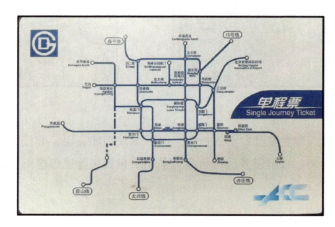

图3-7 普通单程票

(2)应急票 应急票可以有两种表现方式,一种是预先对一定数量的车票进行赋值,由车站工作人员人工发售。应急票的使用方式与普通单程票相同,只是由于其进行了预先赋值,对资金及票卡的管理措施有更多要求。另一种是将票卡进行应急专用编码,在进站时发放给乘客,当乘客在到达站出站时要根据乘坐情况进行补票,该方式可解决大客流进站时售票能力不足的问题。

(3)纪念票 纪念票如图3-8所示,它是为某种题材专门制作的纪念性票卡,可供收藏用,另定价发行,在有效期内可以使用,不计程,出站不回收。

(4)优惠票 它是根据条件给予一定折扣优惠的车票,如批量购买的票卡、通过某项活动购买的票卡等。

单程票卡在一定程度上通过必要的程序后是可以循环使用的,这样可以降低每乘次的票卡媒介使用成本,但会给票卡管理增加物流管理等难度。

2. 储值票

储值票是指可反复充值以保证车票内预存一定资金,在金额足够的情况下可多次使用,每次使用时根据费率表扣除乘车费用的车票。储值票可分为以下几种:

(1)普通储值票 普通储值票如图3-9所示,它是储值票中使用最多、最广的一种车票。它可反复充值使用,每次使用根据费率表扣费。

图 3-8 纪念票

图 3-9 普通储值票

（2）**优惠储值票** 优惠储值票如图 3-10 所示，它是根据需要给予一定折扣优惠的车票，如老人票、儿童票等。

图 3-10 优惠储值票

（3）**纪念储值票** 它是为某种题材专门制作的纪念性票卡，可供收藏用。

3. 许可票

许可票是一种不同于单程票和储值票的特殊票种，由运营方根据某种特殊需要，赋予特定的使用许可的车票。许可票一般分为以下几种：

（1）**员工票** 它是供城市轨道交通相关的从业人员工作使用的车票，如图 3-11 所示。

（2）**测试票** 它是一种对自动售检票系统设备进行维护、诊断的特殊车票，如图 3-12 所示，它只能在设备处于维护模式时由维修人员测试设备使用。

图 3-11 员工票

图 3-12 测试票

（3）出站票　它在出站补票时使用，如图 3-13 所示，发售当天当站有效，出站回收。

（4）乘次票　它被赋予固定乘次许可，在有效期及许可范围内可以重复使用，如图 3-14 所示。通常该种车票在使用时只计次数，不计里程。

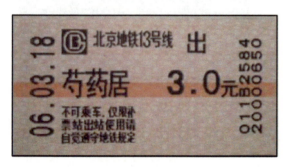

图 3-13　出站票

图 3-14　乘次票

（5）当日票　它在第一次进站使用后被赋予 24h 乘车许可，在 24h 有效期范围内可以重复使用，如图 3-15 所示。通常该种车票在使用时不计里程。

图 3-15　当日票

根据各种使用条件，可以将以上几种车票类型进行组合使用，或者与其他的票卡进行兼容使用。随着技术和需求的变化，所设置车票的类别、功能和使用方式对系统有不同的要求。在不同的使用环境，运营方可以通过中央计算机系统灵活地对车票的种类进行定义、扩展。

三、车票的发行和使用

微课 车票的发行和使用

票卡是整个城市轨道交通自动售检票系统的信息源头。正确、有效的票卡信息能确保系统的正常运作;另一方面,票卡是有价凭证,有效票卡的流通实际代表着资金的流动,一旦票卡管理不善将会造成经济损失。

通常由专门的机构(可以是运营单位也可以委托专门单位)对票卡的发行、发售、使用、票务处理、回收等全过程进行严格、规范的管理。该机构通过对票卡进行初始化,使得票卡成为在系统内可使用的媒介,同时负责车票的赋值、发售、使用管理、进/出站处理、更新、加值、退换、回收、监督管理、注销及黑名单等规范流程的管理。

票卡发行及使用主要包括车票编码定义、车票初始化、车票的赋值与发售、车票的使用、车票使用管理、车票的进/出站处理、车票的更新、车票的加值、车票的退换、车票的回收、监督管理、票卡注销等工作环节。

1. 车票编码定义

车票编码定义包含了车票类别、车票编号、车票票值、车票时效、使用范围等信息。

(1) **车票类别** 车票类别标志了车票的分类情况,对应不同的应用方式和处理规则,车票的类别在编码的时候已确定,乘客可根据自己的需要购买规定范围内不同类别的车票。

(2) **车票编号** 车票编号可分为卡面编号、物理卡号和逻辑卡号。

1) 卡面编号是票卡生产厂商在制作车票媒介时印制在车票表面上的系列编号,可标明生产者代码、批次等信息。

2) 物理卡号是非印刷票卡媒介产品的序列号,由车票媒介生产厂商在出厂时直接写在车票芯片内。物理卡号可以跟卡面编号一致,也可以不同。

3) 逻辑卡号是为了确保自动售检票系统能够跟踪流通中的车票的使用情况和针对某张或者某些车票进行功能设置而赋予的系列编号。逻辑卡号在车票初始化时由编码机写入。

在车票制作和使用过程中,中心数据库可通过在车票的卡面编号、物理卡号和逻辑卡号之间建立相应的关联关系,对车票的使用情况进行有效的防伪和跟踪。

(3) **车票票值** 车票票值就是车票所含可乘车的资金,它是记录在车票上的可以用于乘坐城市轨道交通工具的金额。

通常,使用单程票的乘客在出站时,如果车票中的票值小于本次旅程的应付费用,则不予以放行,需要补足费用后才能出站。使用储值票的乘客在经过本次旅行后,将在票卡预存储的资金中扣除此次旅程的费用,如果票卡中的预存资金金额为零或为负值,则一般不让进站乘车。

（4）**车票时效** 各种类别的车票都有各自不同的有效期，车票只能在系统设定的有效期内使用。如果车票即将过期或者已经过期，须进行延期等更新处理后才能使用。

（5）**使用范围** 各种类别的车票都有特定的使用范围（如线路、车站等），以规范使用秩序。

2. 车票初始化

在所有车票投入使用前，必须由专门的机构进行初始化，分配车票在系统内的唯一编号，同时生成车票相关的安全数据。

车票初始化工作是通过编码或分拣机进行的。只有经过初始化后的车票才可以分发至各车站进行发售。在初始化时，操作员针对不同类型的车票设置系统参数及系统应用数据来进行初始化编码。车票初始化时的编码内容一般包括以下数据类型：

1）安全密钥及防伪数据。

2）车票编号数据。

3）车票状态数据。

在对车票初始化时，必须完成以下工作：

1）设备读取车票上唯一的物理卡号，验证初始密钥。

2）初始密钥验证成功后，将逻辑卡号、安全数据、编号数据及系统应用数据写入车票。

车票初始化后，应将车票信息记录到中央数据库中去。

3. 车票的赋值与发售

初始化后的车票还必须经过赋值处理才能够正常使用。对车票的赋值可由编码/分拣机执行或由车站内的自动售票机、半自动售票机在车票出售时进行。

1）对部分需要提前赋值的车票（如应急票），可以在专门的编码/分拣机进行赋值。

2）对车票进行赋值时，必须对车票进行有效性检查，再将赋值信息写入车票，但不能修改票卡发行时的初始化数据。

3）不同类型车票的赋值数据由系统参数确定。

各种车票发售设备是分散在城市轨道交通服务范围内的，但它们遵循的规则必须一致，因此发售设备的发售许可、可发售票卡类型和票价参数等，通常由中央计算机系统下载参数进行设定。车票发售完后，要将车票信息报送到中央数据库中去。

4. 车票的使用

车票经过发售/赋值后，就可以投入使用。

所有车票的详细使用记录最终需要保存在中央计算机系统，以便对车票使用情况进行统计和分析。车票的每次详细使用记录至少包括车票类别、车票编号、交易类型、车票交易序号、交易时间、交易设备编号、上次交易时间、上次使用设备、交易金额、车票余值等信息。

当乘客使用了无效（或失效）车票，检票机将拒绝接收，但可引导乘客到半自动售票机对车票进行分析和处理。

典型的车票使用过程描述如下：

1) 车票在自动售票机或半自动售票机上出售,并写入"出售记录"(如出售时间、线路车站号、售票设备编号、车票赋值/余额等)信息。

2) 车票经进站检票机检票,在进站检票机处写入"进站记录"(如进站时间、线路车站号和进站检票机编号等)信息。

3) 车票经出站检票机检票,依不同类型车票进行不同的处理,如对乘次票(或储值票)将在出站检票机处写入"出站记录",并扣除一个乘次(或旅程费用),回收票卡由检票机的回收装置完成,并清除票卡中上一次的发售、进站和出站等运营信息。

4) 经出站检票机回收的车票,可直接送往自动售票机进行出售。

车票分析和处理流程示意图如图 3-16 所示。

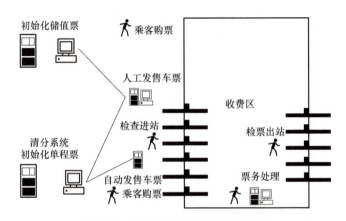

图 3-16 车票分析和处理流程示意图

5. 车票使用管理

车票使用管理可分为配发、调拨、赋值与发售和收缴 4 个环节。

(1) 配发 配发是指由票卡发行单位根据客流情况,将初始化后的车票配发到各车站。

(2) 调拨 经过一段时间的持续运营,由于客流的不均匀性,可能会造成车票在各线路、各站点上的分布不均匀。有些线路、站点滞留大量的车票,而有些线路、站点则车票短缺,为了提高车票的使用效率,可以采用调拨的方式。

(3) 赋值与发售 自动售检票系统通过终端设备(如自动售票机、半自动售票机)完成车票的赋值和发售。

在售出一张车票时(由半自动售票机或自动售票机),必须将该笔售票信息上传中央计算机系统。为了保证交易的完整性和安全性,通常报送的数据包需要包括本地交易流水号、时间、卡号、金额,并且将关键字段进行交易认证码(TAC)计算,通过设备中应用软件对每笔交易产生一个本地流水号。售票交易所具有的连续流水号和对其进行的交易认证码(TAC)计算,可保证报送至上层系统的交易数据完整性和安全性,从而为实现缴款金额和电子账的对账功能创造条件。

(4) 收缴 车票使用一段时间后,必然会出现不同程度的损坏,这就需要进行定期的收缴和更换。

车票在初始化编码时，都被编上了初始化时间，系统可根据各种车票的使用情况，设置车票的有效使用期。系统可在使用环节中及时收缴超出有效期或者由于折损而不能继续使用的车票。

6. 车票的进/出站处理

普通车票的检验遵循一进一出的次序，即先有一次进站再发生一次出站。如果乘客在进站时未经检票（或标识不清），或在出站时未经检票（或标识不清），就会造成因进、出次序不匹配而导致车票的暂时性无效，通常需要由半自动售票机来完成更新。

半自动售票机根据进、出次序的规则来更新车票，如果规则约定，还将根据中央计算机系统设定费率表向乘客收取更新后的相关差额费用。

对车票的进、出站次序的检查可以由中央计算机系统来操控，可通过中央计算机系统设定某个、某部分或全部的车站对车票进行或不进行进、出站次序检查；或对某一类车票的进、出站次序进行（或无须进行）检查。

7. 车票的更新

在半自动售票机对车票进行分析后，若无效原因为进/出站次序错误、超时、超程等，则可对车票进行更新处理。中央计算机系统分别设定进/出站码更新的时间和车站限制、进/出站码更新的费用、超时更新的费用、超程更新的计费方式、收费方式、更新次数等。

根据车票的分析结果，如果同时存在两种及两种以上需更新的项目，则应对每项更新处理进行确认，并按照运营规则进行处理。

在进行更新处理时，半自动售票机相应更新车票的进/出站状态、时间及费用，并记录更新标志等信息。

单程车票更新操作时不对单程车票余值进行修改，通常另行收取费用。更新储值票的费用可从储值票上扣除收费金额，乘客也可以选择用现金另行支付。

8. 车票的加值

储值票可通过半自动售票机或自动加值机进行加值。中央计算机系统可设置加值的金额限制、允许加值的车票类型、加值优惠等。

9. 车票的退换

在乘客要求退票时，半自动售票机能办理退款业务。通常退款处理方式可根据车票是否被损坏而分为即时退款或车票替换两种方式。中央计算机系统可设置退款的条件、使用次数限制、余额限制、费用等以确保退票处理有足够的安全性，防止欺骗行为的发生。

对车票进行分析后，符合系统设置参数的车票（如允许被替换的类型、指定的回收条件等）可以通过半自动售票机进行替换处理。在进行替换处理时，在被替换的车票上写入有关的替换信息，但车票上的原有信息不能被修改或抹除。车票上的所有余值/剩余乘次及优惠信息应完全转到新的车票上。

10. 车票的回收

出站检票机可根据预先的设置，对单程票进行自动回收。通常回收后的车票可通过自动售票机、半自动售票机再次发售。当车票达到规定的使用寿命或出现损坏不能继续使用时，则不能再进入使用环节，应及时进行回收。

也可通过编码/分拣机进行集中分拣,将达到使用周期或受到损坏的车票分拣出来进行回收,分拣条件可由参数设置。

11. 监督管理

为了充分发挥自动售检票系统的信息对管理的支持作用,中央计算机系统应该及时将使用中必要的车票交易数据记录下来,以供系统对车票的使用情况进行统计和查询,并能跟踪每张车票的使用情况,提高防范滥用、复制及伪造车票的能力,减少由于欺诈行为而引起的票务损失。同时,根据车票的编号可查询车票的使用记录。

12. 票卡注销

票卡在频繁地使用过程中,应建立适当的制度对其使用状况进行及时检查。一旦发现不宜继续使用的票卡要及时注销,删除流通数据库中这些票卡的编号或将这些注销票卡信息放置进已销票卡数据库中,并销毁已注销票卡。

四、基本票价政策

基本票价政策主要指运营单位对计价方式、乘车时限、乘车限制、超乘等方面的规定。目前,在城市轨道交通行业采用的票价制式主要有单一票价制和计程票价制。

单一票价制是指不论乘客乘坐里程长短或站点数多少都实行一种价格的票价制度。

计程票价制分为按区间分段计价和按里程计价两种。按区间分段计价方式是指将整条线路划分多个段,每段由多个区间构成(相邻两站之间为一个区间),起步价后,每进一段加收固定单位的车费。按里程计价的方式是指对乘客的收费在起步价后与行车里程成正比,类似于出租车的收费模式,这种方式在各站站距不均衡的情况下能较为合理地将客运收益与行车成本挂钩。

【项目实施】

车票的认知与使用

[实施目的]

1) 了解车票媒介的种类与使用场合。
2) 熟悉票卡的类型。
3) 了解票卡的发行流程和使用方法。

[实施仪器及设备]

城市轨道交通实训基地自动售检票系统;具备上网功能的机房。

[实施内容及步骤]

1. 车票媒介认知

根据信息认读方式的不同,车票媒介可分为视读和机读两种认读方式;信息记录介质有印刷、磁记录和数字记录 3 种；售检票方式分为人工方式、半自动方式和自动方式，每种售检票方式都要涉及不同的车票媒介和识别技术（由不同的终端设备或人工完成）。不同的售检票方式需要的车票媒介是不同的，而且车票媒介的信息量及读写方式会影响售检票系统的运作方式。不能进行机器识别的车票媒介只能采取人工售检票，对机器识别设备要求高的车票媒介会影响识别效率和系统建设投资。

目前常见的车票媒介有 3 种：纸质、磁卡和智能卡。

2. 票卡类型认知

根据城市轨道交通的特点，按车票使用性质不同，票卡可分为单程票、储值票和许可票 3 类；按计价方式不同，票卡可分为计次票、计时票、计程票、计时计程票、计时计次票和许可票 6 类。

3. 票卡发行及使用流程认知

票卡发行及使用主要包括车票编码定义、车票初始化、车票的赋值发售、车票的使用、车票使用管理、车票的进/出站处理、车票的更新、车票的加值、车票的退换、车票的回收、监督管理、票卡注销等工作环节。

[报告要求]

1）查阅资料，了解常用的车票媒介及相应的售检票方式。
2）查阅资料，了解单程票、储值票和许可票的使用场合（图片、作用、适用范围等）。
3）绘制车票的分析和处理流程示意图。
4）练习票卡操作，总结步骤。
① 单程票的初始化。
② 储值票的初始化。

【项目评价】

评价表

序号	考核要素	配分	评分细则	评分
1	车票媒介及相应的售检票方式	5 分	能正确地描述常用的车票媒介	
		5 分	能正确地描述相应的售检票方式	
2	单程票、储值票和许可票	5 分	能说出单程票的使用场合	
		5 分	能说出储值票的使用场合	
		5 分	能说出许可票的使用场合	
3	车票的分析和处理流程	5 分	流程正确	
		5 分	绘图规范	
		5 分	能正确地分析流程	
4	票卡操作	10 分	能正确地完成单程票的初始化	
		10 分	能正确地完成储值票的初始化	

(续)

序号	考核要素	配分	评分细则	评分
5	实验操作	10 分	操作符合规范，安全意识强	
6	实验报告	5 分	内容完整	
		5 分	格式规范	
		20 分	报告正确	
	合计配分	100 分	合计评分	

【拓展知识】

新型车票支付方式

随着"互联网+"的浪潮不断发展，自动售检票系统的介质从最初的纸票、非接触式智能卡发展到二维码支付和银联闪付的新型支付方式。在地铁自动售检票应用领域，二维码开启了与非接触式智能卡交易完全不同的技术路线，并且从"互联网+现场人工换票"的模式进化升级到"互联网+自助过闸"的模式。新型支付技术的代表有腾讯的微信支付、阿里的支付宝支付及银联的闪付卡支付等。

二维码是按一定规则在平面（二维方向）用黑色和白色像素进行的编码，其中黑色代表二进制的"1"，白色代表二进制的"0"。二维码具有信息含量高、可靠性高、成本低的优势，可表达各种不同的信息（数字、文字、声音、图像等）。地铁票务系统利用二维码的信息优势进行起始站和终点站、票价、购票时间等票务信息的采集、处理、分析、分发、存储等。目前，国内多地城市轨道交通自动售检票系统已陆续研究和使用二维码支付过闸。

新型支付技术带来电子车票，包括二维码和银联闪付卡。二维码的载体目前主要有 3 种，分别是手机 APP、微信乘车码和支付宝乘车码，不同的载体其发码单位不同。银联闪付卡的载体就是由各商业银行发行的具有支付、闪付功能的银行卡。无论二维码车票是哪种载体，主要流程就是手机端出示二维车票，扫码时闸机读到二维码车票后，对二维码车票信息进行计算验证，然后连接支付平台扣费。如果是银联卡，则与储值卡类似，直接刷卡过闸。

【思考练习】

一、单项选择题

1. 纸质车票有普通纸票和（　　）纸票。
   A. 彩色　　　　B. 单色　　　　C. 条形码　　　　D. 预制码

2. 非接触式智能卡有不同的封装形式，主要包括方卡形、（　　）和异形。
   A. 菱形　　　　B. 三角形　　　C. 梯形　　　　　D. 筹码形

3. 单程票中使用最多、最广的一种车票是（　　）。

A. 普通单程票　　B. 应急票　　C. 纪念票　　D. 优惠票

4. 储值票是指可反复充值以保证车票内预存一定资金，在金额足够的情况下可多次使用，每次使用时根据（　　）扣除乘车费用的车票。

A. 进站车站　　B. 出站车站　　C. 费率表　　D. 票价

5. （　　）是票卡生产厂商在制作车票媒介时印制在车票表面上的系列编号，可标明生产者代码、批次等信息。

A. 卡面编号　　B. 物理卡号　　C. 逻辑卡号　　D. 车站编号

二、多项选择题

1. 常见的车票媒介有（　　）。

A. 纸质　　B. 磁卡　　C. 智能卡　　D. 骨质卡

2. 按车票使用性质，票卡可分为（　　）。

A. 单程票　　B. 储值票　　C. 许可票　　D. 计次票

3. 按计价方式不同，票卡可分为（　　）等。

A. 计次票　　B. 计时票　　C. 计程票
D. 计时计程票　　E. 计时计次票

4. 许可票包括（　　）。

A. 员工票　　B. 测试票　　C. 出站票
D. 乘次票　　E. 当日票

三、简答题

1. 常见的车票媒介是什么？
2. 票卡的类型（分别按使用性质和计价方式分类）有哪些？
3. 车票的处理流程是什么？

项目 4

自动售票机

【项目概述】

自动售票机是以自助方式发售有效车票,具备自动处理支付功能的设备。本项目将介绍自动售票机的功能、结构、工作模式、操作及常见故障等内容,还将完成自动售票机的操作训练。

【学习目标】

1)掌握自动售票机的功能。
2)掌握自动售票机各部分的结构。
3)了解自动售票机的工作模式。
4)掌握自动售票机的操作。
5)了解自动售票机的常见故障及处理方法。

【素养目标】

树立责任意识。

【相关知识】

一、自动售票机的功能

自动售票机（Ticket Vending Machine，TVM）安装于车站站厅层非付费区，其基本功能是通过乘客的自助操作完成单程票的售票和储值票的充值。

自动售票机以自助方式发售有效车票，具备自动处理支付功能。乘客可以选择用纸币、硬币、银行卡等支付手段，通过人机交互操作界面自助完成购买不同票价的单程车票操作。

自动售票机具备纸币、硬币找零功能。自动售票机采取了多项保护和容错措施，保证纸币、硬币存储安全。自动售票机通过可靠的数据通信及状态监控，保证了数据的完整性、保密性、真实性和一致性。

自动售票机通过车站局域网网络连接到车站计算机系统，上传车票交易信息、寄存器及设备运行状态日志等数据信息；接收车站计算机系统或线路中央计算机系统下发的命令、票价表、黑名单及其他参数等数据，版本控制参数自动生效；具有与车站计算机系统同步时钟的功能。

自动售票机在与车站计算机系统及线路中央计算机系统通信中断的情况下，能够在单机运行模式下工作，同时可至少保存50000条交易数据及7日的设备数据。所保存的数据在必要时可根据需要删除最不重要或最旧的数据，在与车站计算机系统及线路中央计算机系统通信恢复后，自动上传未传送的数据。

微课　自动售票机简介

1. 基本功能

自动售票机的基本功能是通过乘客的自助操作完成售票和充值作业。自助售票作业的过程包括购票选择、接收购票资金、出票及找零等过程。

1）接收乘客的购票选择，并给出提示信息及操作指导。

2）接收乘客投入的现金（或储值票、信用卡等其他付费介质）并自动完成识别，对无法识别的现金（或储值票、信用卡）予以退还。

3）自动计算乘客投入的现金数量及购票金额，自动找零。

4）自动完成车票校验、车票发售及出票。

2. 应用功能

自动售票机的应用功能包括对各部件的工作状态进行自动监控及对本机维护操作进行管理。

1）对各部件的工作状态进行自动监测，并向车站计算机系统上报工作状态。
2）接收车站计算机系统下发的参数和控制命令，并执行相应的操作。
3）存储并上传交易信息。
4）对本机接收的现金及维护操作进行管理。

二、自动售票机的工作模式

自动售票机具有 4 种工作模式，分别是服务模式（In Service）、暂停服务模式（Out of Service）、关闭服务模式（Close）和维护模式（Maintenance）。上述 4 种模式可通过自动售票机或车站计算机命令进行设置与切换。自动售票机运行在相应工作模式时，会在运行状态显示屏和乘客显示屏有明显的提示信息。

1. 服务模式

服务模式即指自动售票机处在正常状态，此时自动售票机具备完整的售票和找零功能。当其中某个与票款相关的模块发生故障时，自动售票机将自动降级运营。此时按支付方式的不同可分为下列几种模式。所有操作模式均可通过参数设置及通过车站计算机系统下达的命令进行设置。自动售票机运行在相应操作模式时，在运行状态显示屏和乘客显示屏有明显的提示信息，同时，将相应操作模式状态信息上报到车站计算机系统。

（1）找零/无找零模式

1）切换条件：

① 可通过参数或车站计算机系统下达的命令进行设置。

② 当找零装置中的纸币和硬币低于最小存币值时，自动售票机能自动转换为无找零模式；当找零装置中的纸币和硬币数量达到最小存币值时，自动售票机能自动转换成找零模式。纸币找零和硬币找零的最小存币量可通过参数进行设置。

2）技术分析：在找零模式下，自动售票机无论接收硬币或纸币均具备找零功能。纸币和硬币零钱将从同一找零口返还给乘客。找零策略是：先找纸币后找硬币，先找大面额后找小面额。自动售票机将根据当前找零资源、最大允许找零金额等数据，实时计算可以接收的钱币种类，在乘客显示器上显示，引导乘客操作。

当乘客投入较大面额纸币，使找零金额超出最大允许找零金额时，自动售票机将不接受该纸币，并提示乘客使用较小面额钱币。最大允许找零金额可通过参数进行设置。

自动售票机运行在无找零模式时，可以接收硬币和储值卡进行交易，同时在运营状态显示器和乘客显示器上将有明显的提示，告知乘客当前设备运行在暂无找零的状态下。同时，自动售票机将此状态信息上报到车站计算机系统。

（2）只收硬币模式

1）切换条件：

① 可通过参数或车站计算机系统下达的命令进行设置。

② 当纸币接收装置不能继续工作（包括纸币钱箱满、发生故障、模块维护后未恢复到位等），自动售票机将自动转为只收硬币模式。

③ 纸币找零存币量低于参数设置的最小纸币存币量时。

2）技术分析：在只收硬币模式下，自动售票机只接收硬币和储值卡，纸币投币口关闭，不接受纸币。

自动售票机运行在只收硬币模式时，在运营状态显示器和乘客显示器上将有明显的提示，告知乘客当前设备只能接收硬币。

自动售票机进入只收硬币模式时，将此信息上报到车站计算机系统。

（3）只收纸币模式

1）切换条件：

① 可通过参数或车站计算机下达的命令进行设置。

② 当硬币接收装置不能继续工作（包括硬币钱箱满、硬币接收装置发生故障和维护后未恢复到位等）时，自动售票机将自动转为只收纸币模式。

2）技术分析：在只收纸币模式下，自动售票机只接收纸币和储值卡，硬币投入口关闭，不接受硬币。

自动售票机运行在只收纸币模式时，在运营状态显示器和乘客显示器上将有明显的提示，告知乘客当前设备只能接收纸币。

自动售票机进入只收纸币模式时，将此信息上报到车站计算机系统。

2. 暂停服务模式

当自动售票机发生故障、票箱空或钱箱满不能继续提供服务时，自动售票机将自动转为暂停服务模式。

（1）切换条件

1）两个票盒内的车票用完。

2）硬币、纸币和储值卡都不能接收。

3）车票传输机构故障。

4）其他故障。

（2）技术分析 自动售票机运行在暂停服务模式时，不再提供售票服务，在运营状态显示器和乘客显示器上将有明显的提示。故障排除后，自动售票机自动取消暂停服务模式，恢复售票服务。

自动售票机进入暂停服务模式时，将此信息（包括故障码）报告车站计算机系统。

3. 关闭服务模式

（1）切换条件 当接收到中央计算机系统、车站计算机系统启动关闭运行模式指令时，或每天运行结束后，自动售票机能自动转为关闭服务模式。

当接收到中央计算机系统、车站计算机系统解除关闭模式指令时，或每天运行开始后，自动售票机能自动解除关闭服务模式。

（2）技术分析 在关闭服务模式下，自动售票机停止车票发售并自动进入节能状态，但自动售票机仍处于与车站计算机的通信连接状态，并可以报告自动售票机的运行状态和其他信息。

4. 维护模式

（1）切换条件

1）可通过参数或车站计算机系统下达的命令进行设置。

2）通过自动售票机内部维护面板或移动维护终端进行设置。

（2）技术分析 在维护模式下，自动售票机停止售票服务，可以对自动售票机进行维护，查看或打印维护信息。

三、自动售票机的结构

自动售票机以主控单元为核心，辅以现金处理装置（纸币处理单元、纸币找零单元、硬币处理单元）、车票处理装置、乘客显示器、打印机、电源模块等，还可以根据需要配置触摸屏、运营状态显示器、储值票或银行卡读写器及银行卡密码键盘等部件。自动售票机的总体架构如图4-1所示。

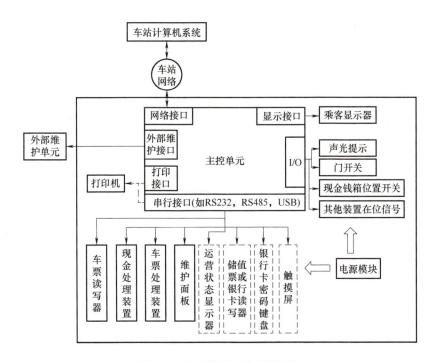

图4-1 自动售票机的总体架构

自动售票机的外部结构和内部结构分别如图4-2和图4-3所示。

微课 自动售票机的外部结构

44　城市轨道交通售检票系统

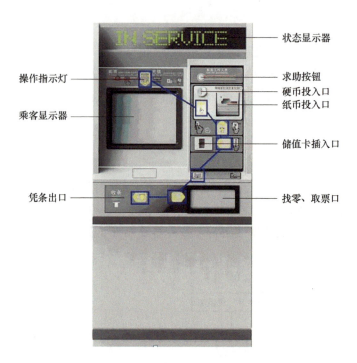

图 4-2　自动售票机的外部结构

微课　自动售票机的内部结构

图 4-3　自动售票机的内部结构

1. 主控单元

主控单元负责运行控制软件，完成车票处理、现金处理、显示、数据通信、状态监控等功能。主控单元是整个自动售票机的核心控制模块，统一协调和控制各主要模块。

主控单元一般选用高可靠、低功耗的通用型嵌入式计算机或工业级计算机（工控机），需要具备丰富的外部接口并支持外部设备的连接，并需要预留接口以备未来设备的扩展。某种工控机的主要参数见表4-1。

表4-1 某种工控机的主要参数

整机		优质钢板外壳，铝质散热片，超低功耗，无风扇，全密闭
音频接口		AC97音频接口一组
CPU		超低功耗Intel 1.6G
内存		4G
SSD		120GB
电源		DC12V（6A Max）输入
I/O口	显示	1个VGA接口、1个LVDS接口、支持双显
	并口	1个并口
	串口	14个串口
	网口	2个网口
	USB	6个USB 2.0
	DIO	I/O
温度		−15~65℃
安全性		交流地和直流地隔离
可靠性		平均无故障时间（MTBF）>10万h
外形尺寸		105mm（H）×260mm（W）×201mm（D）

2. 纸币处理单元

纸币处理单元主要由纸币识别器和纸币钱箱组成，实现纸币的接收、识别、暂存、原币返还等功能。纸币处理单元的外观和内部结构分别如图4-4和图4-5所示。

纸币处理单元能接受13种不同纸币，纸币可以4个方向任意插入不会影响其检验正确性。纸币处理单元可通过升级数据库进行新增纸币数据更新，通过参数设置自动售票机接收新增加的纸币。

纸币处理单元具有暂存单元，具有原币退还功能，暂存箱容量为15张。采用堆叠式的纸币钱箱，可存储1000张纸币并整齐堆叠。

图4-4 纸币处理单元的外观

46　城市轨道交通售检票系统

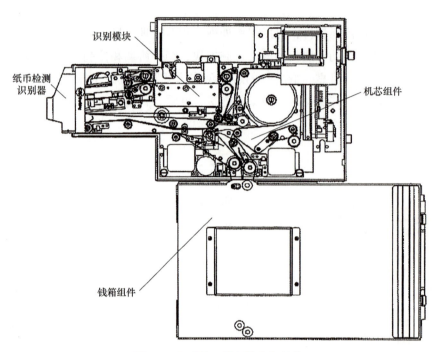

图 4-5　纸币处理单元的内部结构

(1) 纸币识别器　纸币识别器由纸币传送部分、纸币检测器、数据模块、投币口、退币口等组成。

纸币识别器的纸币投币口符合人机工程学设计，安装位置方便乘客投币，纸币投币口有明显的标志提示乘客投币。纸币投币口下方具有导水孔，可防止有水进入进币口而造成破坏，其边缘光滑不会伤害乘客。在自动售票机暂停接收纸币、暂停服务或关闭时，投币口关闭不接受纸币（指示灯关闭）。乘客选择退币时，纸币通过退币口返还给乘客。

(2) 纸币钱箱　纸币钱箱具有独立的非接触式智能卡和存储单元，用来记录纸币钱箱的操作盒纸币数据。存储单元记录信息掉电不会丢失。移动或更换纸币钱箱需正确登录后进行，否则自动售票机会报警。

钱箱设有位置检测传感器，可以对钱箱满或将满的状态做出判断，可自动通知主控单元。如果钱箱已满，纸币处理单元会关闭进币口，停止接收纸币。

纸币钱箱具有双锁功能，一把用来取出纸币钱箱，另一把用来打开纸币钱箱。只有两把钥匙共同作用时，才可以打开纸币钱箱取出所保存的现金。当纸币钱箱从自动售票机的存放座上取走时，纸币钱箱的入币口自动关闭，从而保证更换钱箱的操作人员无法直接接触到纸币。只有使用另一把钥匙才能将钱箱打开。

(3) 工作原理　纸币处理单元的工作原理如下：

1) 纸币处理器收到接收纸币指令，进币口绿色指示灯亮，提示机芯工作正常，可以插入纸币。

2) 乘客将纸币平整地插入进币口，纸币机芯模块对插入物进行初步判断，如果认定为纸币，则打开进币口电动机，吸入纸币，并自动纠正没有垂直插入的纸币。

3）吸入的纸币进入传送通道，在纸币识别区经传感器提取纸币合法性及面额特征，采用先进的纸币识别方法对纸币的真伪进行判断。如果纸币是真币且符合接收要求，将会被存放在纸币暂存区；如果为假币或非法纸币将直接由退币口退还给乘客。

4）如果本次购票交易成功，则将暂存区的纸币传送至压钞区，压入钱箱存储；如果交易失败或取消交易，则将暂存区的纸币由退币口退还给乘客。

动画　纸币处理单元工作原理（成功交易流程）

动画　纸币处理单元工作原理（取消交易流程）

动画　纸币处理单元工作原理（无效币处理流程）

（4）技术参数　纸币处理单元的技术参数见表4-2。

表4-2　纸币处理单元的技术参数

技术参数	技术要求
识别纸币的方法	单张纸币识别
纸币插入方向	支持4个方向，纸币识别器对纸币的放入方向无要求
能接受的纸币种类	13种
单张纸币的识别时间	1.4s
识别能力	能识别中华人民共和国现有流通的所有面额的人民币
纸币首次插入识别率	≥98%
对已发现假币的拒收率	100%
故障率（包括卡纸币）	<0.0034%，此指标所指的故障是包括卡纸币在内的全部停机故障
暂存空间	最多可以暂存15张纸币

(续)

技术参数	技术要求
纸币钱箱	堆叠式，容量1000张，自动整齐码放
可靠性	平均故障间隔周期数（MCBF）≥30000次，平均无故障时间（MTBF）≥18个月，平均修复时间（MTTR）≤30min

3. 纸币找零单元

纸币找零设备通常只提供固定面额的纸币用于找零，用于找零的纸币一般需要在运营开始之前人工放入纸币找零箱内。在纸币找零设备和硬币找零设备同时存在时，一般采用先找纸币、后找硬币的找零原则，即需要找零的金额小于找零用纸币的面额时，才会使用硬币找零。

4. 硬币处理单元

硬币处理单元主要由硬币投币口（兼作退币口）、硬币识别器、硬币暂存器、缓存找零器、专用找零箱（主找零器）、硬币钱箱、加币箱、硬币换向器、分币通道等组成，主要实现硬币的接收、识别、原币返还、找零、循环找零、清币等功能。硬币处理单元如图4-6所示。

微课 硬币处理单元

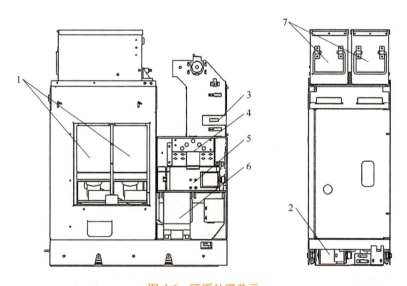

图4-6 硬币处理单元

1—主找零器　2—硬币换向器　3—硬币识别器　4—分币通道　5—硬币暂存器
6—缓存找零器　7—加币箱

(1) 硬币识别器 硬币识别器（硬币接收器）接收来自乘客的硬币，对硬币进行识别、分类。其中，无效币直接退还给乘客，有效币进行细分（5角、1元等）。

硬币识别器能接受6种不同硬币参数设置，并能根据硬币的直径、材质及厚度等参数指标辨别硬币的真假。硬币检测准确率大于99.9%。硬币识别率和假币的拒绝率可以通过软件参数进行设置。

硬币识别器可接受目前市场上流通的硬币。当发行新的硬币种类时，可通过软件设置增加新的硬币种类，也可通过参数下载的方式自行增加新硬币种类，而无须改变或增加任何硬件。

(2) 硬币暂存器 硬币暂存器主要用于实现硬币的原币返还。硬币暂存器放在硬币接收器的下面，负责暂存硬币接收器识别通过的硬币。当乘客取消操作后，硬币暂存器会把投入的硬币返还给乘客；当乘客成功交易时，硬币暂存器就会把硬币倒入缓存找零器以实现循环找零功能，或者倒入硬币钱箱储存。

(3) 缓存找零器 缓存找零器用于实现硬币循环找零。乘客投入的硬币被存在缓存找零器里，以减少专用找零箱补充硬币的次数。

(4) 专用找零箱 自动售票机具有两个专用找零箱作为实现找零功能的专用容箱和发币装置，每个找零箱只允许存放同一种面值的硬币。专用找零箱的容量不少于1000枚。

(5) 硬币换向器 硬币换向器主要控制硬币在硬币通道内的滚落方向。通过软件控制挡板进行左、右切换，形成流向出币口或硬币钱箱的通道。可通过加装位置传感器判断设备工作的实际情况，提高设备的容错能力。

(6) 加币箱 自动售票机采用专用的硬币加币箱补充硬币，它具有安全锁机构，可以确保操作人员在补币过程中无法接触现金。只有把加币箱推入到硬币模块内，使用专门设计的开锁机构（加币箱箱架）后加币箱才能被打开，这样硬币就可以滑落到专用找零箱中。

加币箱上加装一把锁，主要目的是防止非授权人员直接接触加币箱里的现金。

由于补币的币种可能是两种，而加币箱只有1种，为了防止补错币，在硬币加币箱的左、右侧面上加装防错装置（比如5角硬币装在左侧面，而1元硬币装在右侧面），通过机械的方式防错。

(7) 硬币钱箱 硬币钱箱回收运营结束后设备内的硬币。其箱盖与箱体可以分离，方便清理硬币。硬币钱箱用导轨拉出，操作简单安全。

硬币钱箱带有两把钥匙，分别负责打开钱箱的上盖和钱箱托架的锁扣机构，目的是提高钱箱更换操作的安全性，只有在整个更换钱箱的操作过程中两把钥匙共同作用才能打开钱箱。

硬币钱箱带有信息模块，每个硬币钱箱具有独立的电子编号，存储的数据不怕掉电。信息模块存储电子编号、硬币类型、硬币计数等数据。

(8) 硬币投币口及退币口 硬币投币口及退币口符合人体工程学设计，方便乘客投入硬币并能有效地防止卡币，且具有明显的标志指示乘客投入硬币或取回硬币。在自动售票机暂停接收硬币、暂停服务或关闭时，投币口关闭不接收硬币。投币口及退币口具有防水的措施,其边缘光滑不会伤害乘客。

(9) **硬币处理流程** 硬币处理单元安装在自动售票机内,对乘客购票时投入的硬币进行真假识别、接收、原币返还等操作,在乘客购票后进行硬币存储、找零等操作,自动售票机结账时还要完成清币等操作。

1) 硬币识别与原币返还。硬币识别器能识别硬币真假,识别为真币的硬币进入硬币暂存器,识别为假币的硬币直接退出返给乘客,其处理流程如图4-7所示。当乘客取消交易时,硬币暂存器将硬币倒入找零口退还给乘客,做到原币返还,其处理流程如图4-8所示。

动画 硬币处理单元交易流程(无效币处理流程)

动画 硬币处理单元交易流程(取消交易处理流程)

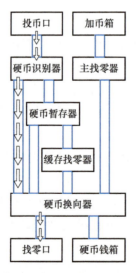

图4-7 无效币处理流程

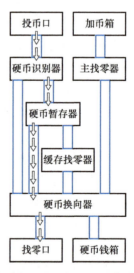

图4-8 取消交易处理流程

2) 硬币存储。当交易完成时,硬币暂存器内的硬币会根据实际情况选择倒入缓存找零器还是硬币钱箱。当允许循环找零且缓存找零器未满时,硬币倒入缓存找零器,否则倒入硬币钱箱。存硬币处理流程如图4-9所示。

动画 硬币处理单元交易流程（有效币处理流程）

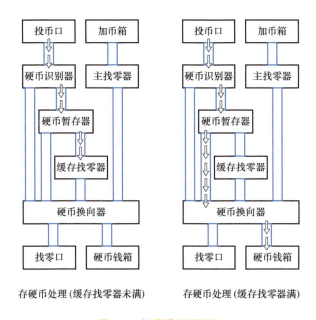

图 4-9 存硬币处理流程

3）找零。硬币处理单元有两个主找零器和 1 个缓存找零器，主找零器是专用的找零器，缓存找零器作为循环找零用，用户投入的硬币会经过硬币暂存器进入缓存找零器。找零时，根据一定的算法分别从主找零器和缓存找零器进行找零。找零处理流程如图 4-10 所示。

动画 硬币处理单元交易流程（找零处理流程）

4）补币与清币。专用找零箱内的硬币数量低于设定下限值时，发送报警信息，通知工作人员进行补币操作。补币处理流程如图 4-11 所示。

自动售票机一天交易结束后，要把找零器内的硬币清空倒入钱箱进行清币操作。清空时，按一定的顺序依次清空主找零器和缓存找零器内的硬币，同时对硬币进行计数。清币处理流程如图 4-12 所示。

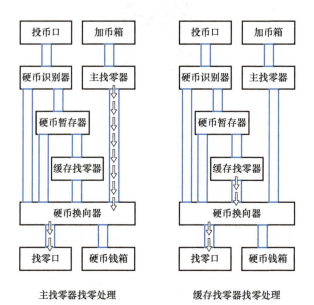

主找零器找零处理　　　　缓存找零器找零处理

图 4-10　找零处理流程

动画　硬币处理单元交易流程（后台处理流程）

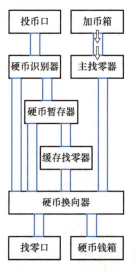　　　　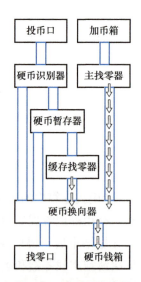

图 4-11　补币处理流程　　　　图 4-12　清币处理流程

5. 车票处理装置

车票处理装置负责完成车票读写、传送及废票回收处理。车票处理装置由车票读写器、天线、供票机构和车票传输机构、票箱、控制单元等部件组成。车票处理装置的形式与车票的制式紧密相关，分为卡式车票发售单元和筹码式车票发售单元。

自动售票机的车票供票机构从票箱中取出车票，通过车票传输机构送至车票读写区（天线）完成车票的校验，合法的车票在写入发售设备号、发售时间、车票金额等信息成功后送至出票口，未通过校验的车票或写入信息失败的车票将被送入车票处理装置中的废票箱，车票处理装置从票箱中取出下一张车票重新发售。为防止由于车票处理装置的故障而造成大量废票的情况，一般在连续几次发售失败后，车票处理装置将不再尝试发售车票，而是向主控单元报告错误。

自动售票机的车票处理装置必须配置票箱，同时还需要配置废票箱，并实时监控票箱的状态，在票箱不在位、票箱将空、票箱已空、废票箱将满及废票箱已满时向主控单元发送相关信息，主控单元将相关信息上传到车站计算机系统。车票处理装置根据主控单元的命令从指定的票箱中取出车票进行发售处理。

自动售票机的车票处理装置应当与自动检票机的车票处理装置具有互换性，这样可以直接将自动检票机回收的车票放入自动售票机再次发售，实现单程车票的循环使用，并大大减少运营管理人员的工作量。

车票处理装置如图4-13所示。

图4-13 车票处理装置

微课 车票处理装置

微课 自动售票机其他模块

6. 乘客显示器

乘客显示器安装在自动售票机的前面板上，是自动售票机人机界面操作的主要部件，用于显示城市轨道交通线路、车站分布图和有关购票操作提示信息等。乘客根据显示器提示界面，通过加装在乘客显示器上的触摸屏选项进行购票操作。

乘客显示器显示字体为中文，在需要时可选择用英文显示。显示语言类型可由参数设置。

在乘客购票过程中，乘客显示器能显示乘客所选择的目的地车站、票种、单价、张数、付费总金额、已投币金额等信息。乘客显示器能显示所有可发售的票种、张数、各种付费方式、交易取消、交易确认等选择按钮供乘客选择。在交易过程中，乘客显示器能指示乘客下一步的操作，并能提示其无效操作。

在设备故障、关闭或暂停服务时，乘客显示器能显示相关的信息。

7. 运营状态显示器

运营状态显示器安装在自动售票机的上端，显示当前自动售票机的运行模式和操作模式，包括暂停服务、暂无找零、只收硬币、只收纸币等信息。显示信息能根据运行模式和操作模式的变化进行自动更新。

运营状态显示器可显示中文、英文及图形等信息。

运营状态显示器的尺寸与自动售票机的外形尺寸协调一致。每屏能显示至少 10 个中文字符或 25 个英文字符。

8. 电源模块

自动售票机的主电源模块为整机部件提供电力。输入 220（85%～110%）V、50（1±4%）Hz 的交流电，输出 5V、12V、24V 的直流电。其结构紧凑，性能可靠，整机稳压精度高，输出效率高。

不间断电源（UPS）作为自动售票机的后备电源，用于确保设备在断电后完成最后一笔交易，并确保交易数据不丢失。在正常供电时，外部输入电源经 UPS 向电源模块稳定供电，同时对蓄电池自动充电。当突然停电时，UPS 可立刻切换到蓄电池逆变供电，使设备可以在电源发生短暂中断的情况下保持正常工作。如果主电源模块中断供电时间超过了 1min，设备会先停止正要处理的事务和完成通信接收的工作，再进行关机，直到电源恢复后才重新工作。

9. 打印机

热敏凭条打印机能支持打印 ASCII 码、简体中文和图形。打印机内安装有传感器，可检测出纸张不足和纸张堵塞等故障。凭条打印机维护方便，进行换纸和打印头清洗时拆装方便。打印机具备自动切纸控制功能、实时状态检测功能，能通过打印多张的方式打印多联。

10. 维护面板

维护面板安装在自动售票机内部，是操作/维修人员完成对自动售票机操作、维修、故障诊断和模式设置的工具。维护面板采用带背光的 LCD 显示器和电容式机械键盘，显示清晰，操作方便、灵活。

11. 维修门传感器

在维修门上安装有对射光耦，可以检测维修门有没有关好，用于激活设备转入维护模式，有利于设备安全。

12. 人体接近感应器

在自动售票机面板上安装有两个人体接近传感器，可以感应乘客靠近设备，使得自动售票机可以控制设备广告播放。

人体接近传感器使用红外线传感技术，采用主动红外发射器和红外接收传感器，探知人体接近，探测距离为60cm。

13. 加热模块

自动售票机中配置加热模块，用来在冬季保持或加热自动售票机内部的温度，确保设备在过冷条件下仍能正常运行。

在第一次启动设备时，如果环境温度过低（低于5℃时），应首先启动加热模块，待加热模块指示温度正常后（加热时间一般为30min），再启动设备的电源开关。

在启动加热模块后，加热模块会自动检测内部的温度。如果温度过低，将自动启动加热装置对设备内部进行加热；如果温度过高（高于15℃），加热模块将自动停止加热。

14. 照明和插座

为便于设备维护，机柜里装有一盏荧光灯和两个交流电插座，用以提供维修用照明和电源。荧光灯和插座的供电与整机供电分开，使得在维修时可以关闭设备内所有模块电源，而不影响照明和插座供电。荧光灯具有灯罩，灯管可替换。

插座应符合国家安全标准，可为维修设备提供电源，如电烙铁、电器仪表等。

四、自动售票机的操作

自动售票机有外部和内部两种操作，外部操作主要是指乘客购买单程票和对储值票进行充值的操作，内部操作指车站票务人员进行加票操作、补币操作、清币操作、钱箱操作和维修人员进行维护、维修操作。

1. 购票操作

购票流程如下：

1）选择目的站或票价。

2）选择购票张数。

3）投入硬币或纸币。

4）确认购票款信息。

5）取票和找零。

2. 充值操作

充值流程如下：

1）按"充值"按钮。

2）插入储值卡。

3）投入纸币。

4）确认是否打印收据。

5）确认充值成功并取储值卡。

3. 开机与关机操作

（1）开机准备工作 用钥匙打开自动售票机后门，检查下列部件是否连接正常，安装是否到位。

1）纸币处理单元（包括纸币回收箱）。
2）硬币处理单元。
3）纸币找零单元（包括纸币找零箱）。
4）车票处理装置。
5）票据打印机。
6）工控机上各个串口。
7）220V 交流电源。

（2）开机步骤

1）打开自动售票机总电源控制模块开关。
2）打开不间断电源（UPS）。
3）打开电源控制箱开关。
4）打开工控机。
5）打开工控机电源开关，启动操作系统，自动售票机的应用程序将会自动启动。在这个启动界面上，维护人员可以看到自动售票机的各个功能模块的自检状态，可以判断这些组件是否处于正常工作状态；当出现问题时，启动界面上会有明确的提示信息，可以帮助维护人员快速地确定故障部件，方便维护人员及时、有效地排除故障。

（3）关机步骤

1）正确打开自动售票机的后门。
2）登录维护面板，输入关闭自动售票机命令。
3）按照与开机相反的顺序，依次关闭工控机主机、电源控制箱、UPS、电源总开关。

4. 硬币钱箱操作

（1）取出硬币钱箱操作 操作步骤如下：

1）正确登录。
2）使用封门钥匙关闭钱箱封门，取出硬币钱箱。
3）状态码显示钱箱已取出。
4）装入新的钱箱。
5）使用封门钥匙打开硬币钱箱的封门。
6）在维护面板上输入确认，退出。
7）关闭自动售票机门。

（2）打开硬币钱箱操作 硬币钱箱的硬币封门锁和箱盖开启锁采用互锁的方式进行保护，其中硬币封门锁只能做一次开关操作，完成一次开关操作以后，只有使用箱盖开启锁解开互锁机构后才能再次进行开锁操作。打开加币箱，即在加币的时候打开硬币钱箱封门加币，加完后关上硬币钱箱封门后将不能打开硬币钱箱封门。开启锁在任何时候都可以打开硬币钱箱的上盖，添加或收取硬币。在封门锁开启一次被锁死以后，只有再次使用箱盖开启锁才能解开封门锁的锁死状态。

5．纸币钱箱操作

（1）更换纸币钱箱操作 步骤如下：

1）正确登录。

2）在维护面板选择相应菜单指令或输入相应指令。

3）将拉杆从其固定位置拉开。

4）使用钥匙打开钱箱固定锁，取下纸币钱箱。

5）确认纸币钱箱上的状态孔中的颜色为红色，此时纸币钱箱不能再次固定在自动售票机中。

6）状态码显示钱箱已取出。

7）装入新的纸币钱箱，确认其状态孔中的颜色为绿色，否则纸币钱箱将无法转动固定锁将其固定在机器中。

8）转动固定锁将其固定在机器中。

9）状态码显示纸币钱箱已装入。

10）装入纸币钱箱并锁住。

11）在维护面板上输入确认，退出维护模式。

12）关闭自动售票机门。

（2）打开及关闭纸币钱箱操作 其操作步骤如下：

1）确认纸币钱箱上的状态孔为红色。

2）使用箱盖锁钥匙，打开纸币钱箱。

3）取出纸币。

4）扣紧箱盖，转动箱盖锁钥匙，关闭箱盖，确认其状态孔中的颜色为绿色。

6．票箱操作

（1）拆卸票箱 正确登录后，即可进行票箱的移动、取出等操作。操作步骤如下：

1）将整个车票发售单元拉出。

2）移开票箱挡板装置或卡口反向移出，即可分别把前、后两个票箱取下。

（2）装入票箱 自动售票机的票箱和自动检票机的回收箱通用，从自动检票机回收的车票经过分拣以后可以直接放在自动售票机发售。票箱安装的操作方法与票箱拆卸的操作顺序相反。

7．钱币操作

（1）补币操作 自动售票机检测到硬币找零箱内的硬币数量低于设定下限值时，发送报警信号，通知工作人员补币。

补币操作步骤如下：

1）开门，在维护面板上正确登录 ID。

2）在维护面板输入补币指令。

3) 打开扣具,将整个硬币机构拉出。

4) 补币时,将补币箱放置在硬币找零单元上方,自动售票机自动记录钱箱的 ID,操作员将补币箱固定在补币箱座上并打开补币箱封门。当操作员旋转钥匙固定补币箱的同时,找零箱上部封门自动打开,硬币进入找零箱。

5) 补币完成后,可将补币箱取下,找零箱入口自动关闭。操作员此时可以旋转硬币封门锁关闭封门。整个操作过程中,硬币处于封闭状态。

(2) 清币操作 找零通道具有币种选择装置,当自动售票机工作在正常运营状态下(默认状态)需要找零时,找零箱推出硬币进入取票口;当进行清币操作时,通道转换装置动作,硬币进入硬币钱箱。清币完成后,通道转换装置自动恢复到默认状态。

清币操作步骤如下:

1) 正确登录。

2) 在维护面板输入清币指令。

3) 人工回收硬币回收箱的硬币。

4) 设备自动打印补币账单信息,确认清币数量。

5) 关闭自动售票机门。

五、自动售票机的维护和常见故障

1. 日常维护

(1) 设备清洁

1) 清洁显示屏、触摸屏,做到表面无浮尘、无污渍。

2) 清洁设备外壳、出票口、硬币投币口、纸币投币口,表面不得有粘贴纸和粘贴物。

3) 清洁出票机构所有压轮和滚轮,不得有污垢。在清洁过程中,检查紧固件,若有松动,应及时紧固;若发现有磨损、老化现象应及时更换。

4) 清洁内、外照明,取票口照明,取票口翻板。

5) 清洁维护面板、读卡器、硬币模块、纸币找零口外壳,表面不得有浮灰或污垢。

(2) 设备所有指示灯检查

1) 检查纸币识别器运行指示灯。

2) 检查取票口指示灯。

3) 检查硬币模块是否到位。

4) 检查门开关到位是否正常。

若发现以上器件无指示功能,则应及时调整或更换,严禁设备在故障状态滞留。

2. 月度维护

(1) 设备内部清洁

1) 清洁车票传输机构:车票传输部分、票盒转换装置、机构导轨、发票控制板。

2) 清洁硬币找零机构:循环找零机构、暂存器、硬币控制板。

3) 清洁工控机、读卡器外壳。

4）清洁 UPS、电源、风扇。

5）清洁硬币、纸币回收箱外壳。

6）清洁硬币、纸币找零箱外壳。

7）清洁打印机、显示器、触摸屏。

8）清洁设备部件支架、挡板。

9）清洁控制电路板。

10）清洁设备底部，要求无明显灰尘、无污渍、无粘贴纸和粘贴物。

（2）设备检查、紧固螺钉

1）检查车票传输机构：车票传输部分、票盒转换装置、机构导轨、发票控制板。

2）检查工控机：插接器、电缆。

3）检查纸币机构：纸币回收部分、纸币找零部分。

4）检查硬币机构：硬币识别部分、硬币回收部分、硬币找零部分、硬币控制板。

5）检查其他设备：UPS、5V 电源、出票口挡板、设备地线、到位开关、设备门锁等。

检查以上设备内所有部件紧固螺钉是否松动。若发生螺钉缺损，应及时在设备中查找补缺；若缺损螺钉无法找寻，则应及时更换新螺钉。

3. 年度维护

（1）硬币识别器定期维护

1）拆卸硬币识别器，清洁其内部机构灰尘、污垢。

2）清洁硬币识别器传感器。

3）检查硬币识别器磨耗程度，更换磨损零件。

4）用试验样本硬币，进行投币测试，检测硬币识别器识别性能。

（2）车票传输机构损耗部件更换、机构清洁（拆卸清洁）

1）拆除传输带、同步带、刮票电动机及压轮部件、票盒并进行内部清洁。

2）更换车票传输轴承和磨损的压轮、滚轮。

3）清洁票盒升降部分托盘、滚轮、把手。

4）做到机构内部无污垢和灰尘。

（3）检查车票传输部分机械性能

1）检查车票传输部分电动机、压轮、滚轮、轴承。

2）检查票盒升降部分托盘、滚轮、轴承、把手、弹簧。

3）检查传感器、读卡器、天线、发票控制板及电缆。

4）检查以上机械部分转动是否正常、有无异声，若有问题应及时调整。

（4）车票发售装置测试

1）通过测试程序测试部件性能，如电动机的转动、光电感传感器的通断、限位开关的通断等是否正常。

2）测试票盒自动切换机构切换功能和定位性能。

3）通过诊断码发售测试票，应 30 张无故障，对车票发售装置进行测试，并确认、检验其功能。

（5）工控机维护

1）清洁灰尘：内部机壳、电缆、CPU 主机风扇、主板、接口卡。

2）清除无用的积累数据或错误数据。

3）存储器维护：检测硬盘，更换损坏的存储器。

（6）UPS 维护

1）检查 UPS 按键功能。

2）检查前面板指示灯是否正常亮。

3）观察所有控制和功率部件周围是否有不良反应（如过热、变色等）。

4）观察控制和功率部件的变色导线绝缘情况和所有的连线情况（包括辅助选件）。

5）检查旁路切换。

6）测量 UPS 整流器输入。

7）测量逆变器输出。

8）检查蓄电池外观。

9）测试蓄电池浮充。

10）测试蓄电池容量。

4. 常见故障及处理

（1）现象 1 自动售票机启动后显示"只收纸币"。

原因：硬币处理模块有卡币情况、硬币钱箱没有正确安装或者硬币钱箱硬币数量不足。

解决办法：

1）启动设备后，机器内部逻辑会对硬币模块进行测试，如果测试失败会进入"只收纸币"状态，这种问题一般是由硬币识别模块被硬币或其他异物堵塞导致，应检查硬币识别模块并重新启动设备。

2）正确安装硬币钱箱或者进行补币操作。

（2）现象 2 自动售票机屏幕显示"网络连接失败"。

原因：网络出现故障造成的。

解决办法：

1）检查自动售票机和服务器之间的网络连接是否正常。

2）检查系统服务器软件是否正常运行。

（3）现象 3 自动售票机屏幕显示"只收硬币"。

原因：纸币识别模块卡币或者纸币钱箱没有正确安装。

解决办法：

1）这种问题一般是纸币识别模块被纸币或其他异物堵塞导致，应检查纸币识别模块，重新启动设备。

2）正确安装纸币钱箱。

（4）现象 4 自动售票机屏幕显示"无找零"。

原因：硬币找零模块内没有放入足够找零用硬币或者硬币找零钱箱没有正确安装。

解决办法：

1）放入找零用硬币。

2）正确安装硬币找零钱箱。

(5) **现象5** 自动售票机屏幕显示"只充值"。

原因：单程票发售模块内没有放入车票或者票箱没有正确安装，或者有卡票现象。

解决办法：

1）放入发售用车票。

2）正确安装票箱。

3）清除卡票，并检查发送装置。

(6) **现象6** 自动售票机启动后显示"暂停服务"，不能进入工作状态。

原因：由于维修门没有关上，或者维修面板故障。

解决办法：

1）检查维修面板，若有故障需联系厂家。

2）关闭维修门并将维修门全部关紧上锁。

(7) **现象7** 自动售票机屏幕显示"只发售"。

原因：储值票读卡器有故障或连接错误。

解决办法：

1）检查连接电缆。

2）联系厂家更换储值票读卡器。

(8) **现象8** 自动售票机启动后乘客显示器没有显示。

原因：自动售票机内部工控机没有开机或显示器处于关闭状态。

解决办法：

1）打开工控机电源。

2）检查显示器连接电路。

【项目实施】

自动售票机操作训练

［实施目的］

1）熟悉自动售票机的结构和功能。

2）掌握自动售票机的各类操作。

［实施仪器及设备］

城市轨道交通实训基地自动售检票系统。

[实施内容及步骤]

1. 观察并了解自动售票机的结构（见图 4-2、图 4-3）

2. 复习自动售票机的功能

自动售票机的功能如下：

1）自动售票（接收购票选择、接收购票资金、出票及找零）。
2）自动充值。
3）对各部件的工作状态进行自动监测，并向车站计算机系统上报工作状态。
4）接收车站计算机系统下发的参数和控制命令，并执行相应的操作。
5）存储并上传交易信息。
6）对本机接收的现金及维护操作进行管理。

3. 钱箱操作

进行纸币钱箱的取出与安装、打开与关闭，硬币钱箱的取出与安装。

4. 票箱操作

进行票箱的拆卸与安装。

[报告要求]

1）画出自动售票机的外观结构图。
2）画出自动售票机的内部结构图。
3）简述自动售票机的功能。
4）画出自动售票机电气图。
5）学习自动售票机实际操作并完成下列操作：
① 售票操作，总结流程（文字总结）。
② 充值操作，总结流程（文字总结）。
③ 票箱操作。
④ 钱箱操作。

【项目评价】

评价表

序号	考核要素	配分	评分细则	评分
1	自动售票机的外观、结构	5分	能正确地介绍自动售票机外部各构件	
		5分	能正确地描述各部件相应的功能	
2	自动售票机的内部结构	5分	能正确地介绍自动售票机内部各构件	
		5分	能正确地描述各部件相应的功能	

项目 4　自动售票机　63

(续)

序号	考核要素	配分	评分细则	评分
3	自动售票机的功能	5分	能正确地描述自动售票机的整体功能	
4	自动售票机的电气图	10分	能正确地绘制自动售票机的电气图	
		5分	绘图规范	
5	实验操作	10分	操作符合规范，安全意识强	
		10分	能在规定时间内正确地更换票箱	
		10分	能在规定时间内正确地更换钱箱	
6	实验报告	5分	内容完整	
		5分	格式规范	
		20分	报告正确	
	合计配分	100分	合计评分	

【拓展知识】

我国城市轨道交通自动售检票行业的市场规模

近年来，随着我国经济高速增长和城市化进程快速推进，我国城市轨道交通自动售检票行业也得以快速发展。

交通运输部网站的数据显示，截至 2021 年 12 月 31 日，31 个省（自治区、直辖市）和新疆生产建设兵团共有 51 个城市开通运营城市轨道交通线路 269 条，运营里程 8708 公里，车站 5216 座，实际开行列车 3120 万列次，完成客运量 237.1 亿人次、进站量 144.8 亿人次，全年完成客运周转量 1978 亿人次公里。

城市轨道交通自动售检票行业作为城市轨道交通与乘客直接关联的行业，各相关设备随着投运车站数量的增长而进一步增加。根据数据显示，2021 年全国城市轨道交通累计布放了自动检票机 108828 通道，自动售票机 43191 台，半自动售票机 15358 台，互联网取票机 3841 台，各类设备发布数量较 2020 年均有所增长。

值得一提的是，近几年随着互联网技术应用到城市轨道交通自动售检票领域，自动售票机使用频率大幅度下降。尽管 2021 年自动售票机新增发布数量仍然有 3719 台，但是近几年其新增布放的数量是逐年下滑的，且还有些传统的自动售票机被迁移或改造，2021 年迁移改造的数量约为 751 台。

【思考练习】

一、单项选择题

1. 自动售票机简称（　　），安装在车站非付费区，用于实现乘客自助购买车票。
A. ATC　　　　　　B. TVM　　　　　　C. ATM　　　　　　D. AFC

2. 车站自动售票机一般设置在车站的（　　）。
   A. 出入口　　　B. 站厅层　　　C. 站台层　　　D. 车站控制室
3. 硬币处理单元配置专用找零箱，专用找零箱的容量不少于（　　）枚。
   A. 500　　　B. 800　　　C. 1000　　　D. 300
4. 自动售票机的车票处理装置必须配置（　　）。
   A. 钱箱　　　B. 票箱　　　C. 回收箱　　　D. 空箱
5. 票价参数表及路网线路图由（　　）统一制定、发布和下载。
   A. 车站计算机　　　　　　　B. 路网计算机
   C. 控制室计算机　　　　　　D. 中央计算机
6. 打开自动售票机的第一步是（　　）。
   A. 打开纸币处理单元
   B. 打开硬币处理单元
   C. 打开硬币钱箱
   D. 用钥匙打开自动售票机侧门，然后检查各项目是否连接正常且到位

二、多项选择题

1. （　　）是自动售票机的组成部件。
   A. 硬币投入口　　　B. 触摸屏　　　C. 乘客状态显示器
   D. 打印机　　　　　E. 钱币处理及找零模块
2. 硬币处理单元主要负责硬币（　　）等工作，是自动售票机的核心模块之一。
   A. 接收　　　　　　B. 识别　　　　　C. 原币返还
   D. 找零　　　　　　E. 循环找零
3. 自动售票机的工作模式包括（　　）。
   A. 服务模式　　　　B. 暂停服务模式
   C. 维修模式　　　　D. 关闭服务模式

三、简答题

1. 简述自动售票机的总体架构。
2. 简述自动售票机的基本功能。
3. 简述自动售票机纸币处理单元的工作原理。
4. 描述有效币且成功交易的硬币处理流程（分缓存找零器未满和缓存找零器已满两种情况）。

项目 5

半自动售票机

【项目概述】

半自动售票机又称人工售/补票机或票房售/补票机,是人工处理票务的一种车站终端设备。本项目将介绍半自动售票机的类型和功能、结构、处理流程、操作及常见故障等内容,还将完成半自动售票机的操作训练。

【学习目标】

1)了解半自动售票机的类型和功能。
2)了解半自动售票机的各部分结构。
3)了解半自动售票机的处理流程。
4)掌握半自动售票机的操作。
5)了解半自动售票机的常见故障及处理方法。

【素养目标】

树立爱岗敬业的职业意识。

【相关知识】

一、半自动售票机的功能

半自动售票机（BOM）安装于售/补票亭或车站服务中心，采用人工方式完成售票、加值、验票（车票分析）、退票、补票及其他票务服务。

微课　半自动售票机的功能

1. 基本功能

半自动售票机的功能比较丰富，基本功能可分为三大类：

1）车票发售功能：发售单程票、储值票、纪念票等各类车票。
2）车票分析功能：分析车票有效性、查询车票历史交易信息。
3）票务处理及服务功能：票务更新、发售出站票、退票、补票、车票挂失、车票续期、查询票价等服务。

2. 工作模式

根据城市轨道交通运营的应用需求，半自动售票机可分成两种工作模式，即售票模式和补票模式。

半自动售票机设置在车站站厅层非付费区的售票房或票亭内，主要用于车票的发售、储值票加值、票卡分析时，为售票模式。

半自动售票机设置在站厅层付费区的补票亭内，用于车票的分析、补票、更新等票务处理时，为补票模式。

功能结合的半自动售票机可以同时为付费区和非付费区服务，兼顾售票及补票功能，使用同一台设备，但需对两个区域分别设置单独的乘客显示器。表 5-1 为半自动售票机处于不同工作模式下的基本功能。

表 5-1　半自动售票机的基本功能

模式	售票模式	补票模式
位置	非付费区	付费区
基本功能	车票分析	车票分析
	售票/赋值	售出站票
	加值	补票/罚款
	更新	更新
	查询	查询
	退票	

3. 功能分析

（1）车票分析 半自动售票机应能根据车票内的编码信息对车票的有效性进行分析，包括密钥安全性检查、票种合法性检查、车票状态检查、黑名单、使用地点、有效期、余值/乘次、进出次序、超时、超程、更新信息等。

车票分析的具体内容应根据系统运行模式及设备操作模式等来确定，由系统参数进行设置。

车票分析的相关信息可通过操作员显示器和乘客显示器显示。车票分析结果如图5-1所示。

图5-1 车票分析结果

（2）车票发售和赋值 半自动售票机应能发售已初始化但未赋值的车票，如单程票、储值票等。赋值前，需要对车票进行有效性检查，同时检查车票的类型是否为需赋值车票类型。赋值时，将赋值编码信息写入车票，但不修改车票的初始化数据。赋值后，对写入车票内的数据进行校验。如果连续出现编码校验错误的次数达到参数设置次数，设备将暂停服务并将该信息上传到车站计算机和中央计算机。

半自动售票机还能发售已赋值车票，如纪念票、公共交通卡等，发售时能自动记录所发售车票的编号及张数。

半自动售票机在整个售票过程中，都会在乘客显示器、操作显示屏上显示相关信息，为乘客和操作人员提供明确的信息提示。半自动售票机赋值前，在乘客显示屏上显示需赋值的车票类型，在操作显示器上显示需赋值的车票类型、赋值金额；成功赋值后，在操作显示器及乘客显示屏上显示车票的实际赋值金额,以及各应收单项及合计金额、收取金额及应找金额等信息;未能成功赋值时,在操作显示器会明确显示相应信息并发出提示声。

半自动售票机还能对储值票、公共交通卡等进行加值操作。加值处理时需分析储值票的有效性,显示车票余值及允许加值金额,然后通过人工输入加值金额对储值票进行加值。加值处理时,优先考虑储值票的欠费金额,扣除卡内的欠费部分后金额作为实际的车票余额。半自动售票机有加值信用额度限制和加值授权机制,可以根据需要打印售票或赋值(加值)收据,也可设置成自动打印。车票发售界面如图5-2所示。

图 5-2　车票发售界面

(3) **出站补票**　半自动售票机可为无票或车票损坏的乘客补票。对无票乘客的出站进行补票时,在收取补票金额及罚款金额后,发售付费出站票让乘客检票出站。补票金额及罚款金额通过系统参数进行设置。当乘客手持的车票已损坏(包括车票内部分数据丢失无法进行更新)而无法出站时,可发售免费出站票让乘客检票出站。

对于不同的出站补票情况,半自动售票机均会记录在案,同时将信息上传至车站计算机。

在补票过程中,操作显示器和乘客显示屏都会给操作员、乘客提供必要的信息显示,如补票原因、应补票值、罚款金额、实收金额、应找金额等,根据需要也可打印收据。出站补票界面如图5-3所示。

(4) **车票更新**　对车票进行分析后,属于下列几种类型的无效车票,操作人员可以通过半自动售票机对车票进行更新处理:

1) 在非付费区持未出站车票,可检查车票进站时间是否在参数设置的允许范围内,以及车票进站地点是否为本站,若符合条件则进行免费更新,否则应收取相应的金额,所收金

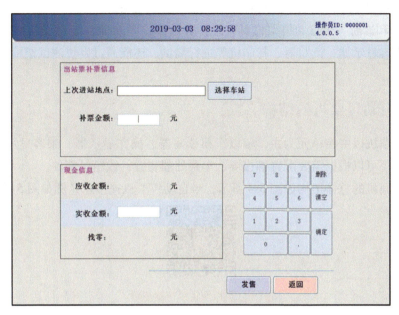

图 5-3 出站补票界面

额由参数设置。

2）在付费区内持未进站车票，操作员可对车票进行更新处理，处理要求由系统设置的参数决定。

3）在付费区内车票超时、超程，操作员可对车票进行更新，收费金额由系统参数决定。当车票同时存在两种或两种以上需要更新的项目时，应对每项更新处理进行确认，并以其中最高收费标准进行处理。

在进行更新处理时，半自动售票机将更新车票的进、出站状态、时间及车费更新标志等编码信息，同时将交易信息记录在数据库内。

（5）退款 操作人员可通过半自动售票机对符合退款条件的车票办理退款手续，相应的退款信息上传至中央计算机。

（6）收益管理 半自动售票机能自动记录每次交易中的应收金额、应退金额、收取金额、应找金额等，其中收取金额由操作员输入。半自动售票机能自动对各种车票处理所涉及的数量、金额和各类收款、支款数据等进行统计，并生成相关报表。

在操作员班次结束时，半自动售票机能自动生成班次报表，供票务和现金的交接和审计。

（7）登录与注销 半自动售票机具有相应的安全措施，能防止非法进入并进行操作。在半自动售票机上进行操作前必须进行登录。各类操作人员的 ID 号、密码、操作权限由系统设定。操作人员通常分为售票人员、维护人员、管理人员等不同类型，应分别对他们的操作权限进行限定。

半自动售票机对所有操作人员的 ID 号、操作人员登录及注销时间、车票处理统计数据、现金处理统计数据等进行记录,并可在班次报表中反映出来。

(8) **维护和诊断** 半自动售票机具有维护和故障诊断功能,能对设备的寄存器数据进行查询,对乘客显示器、读写器、打印机等进行测试,还能通过发售测试票检查半自动售票机的工作状态。

二、半自动售票机的结构

半自动售票机以主控单元为主,辅以车票读写器、操作显示器、乘客显示器、打印机、电源模块等,还可以根据需要配置触摸屏、车票处理装置、钱箱等部件。

半自动售票机的总体架构如图 5-4 所示,半自动售票机连接示意图如图 5-5 所示。

微课 半自动售票机的结构

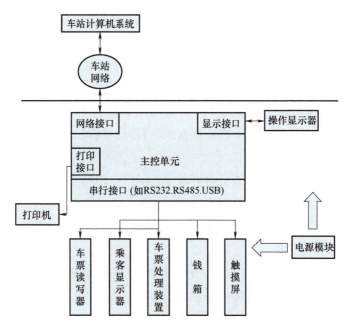

图 5-4 半自动售票机的总体架构

半自动售票机通过车站局域网连接到车站计算机系统上,上传车票处理交易、寄存器设备运行状态日志等数据;接收车站计算机系统或中央计算机系统下发的命令、票价表及其他参数等数据;具有与时钟服务器同步时钟的功能。

当半自动售票机与车站计算机发生通信故障时,半自动售票机不能与车站计算机系统交换数据、接收系统参数,车站计算机系统不能监控该半自动售票机的工作状态,除此之外,其他功能正常执行。半自动售票机将交易记录及日志存放在本机存储器中,其中交易记录至

项目 5 半自动售票机

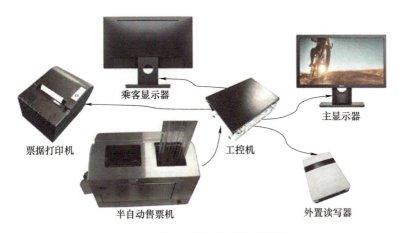

图 5-5 半自动售票机连接示意图

少可存放 5 万条,并可存储不少于 7 天的设备的状态信息,所保存的数据在必要时可根据需要删除最不重要或最旧的数据。当网络恢复后,半自动售票机自动进行参数同步,自动上传未传送的设备运行数据到车站计算机系统。

1. 主控单元

主控单元可选用工控机或商用计算机,负责运行半自动售票机的控制软件,完成车票处理、数据通信、状态监控及故障检测等功能。主控单元采用模块化设计,以满足物理上和功能上的互换性要求,便于维护。主控单元需要具有丰富的外部接口以支持设备的连接,并需要保留部分接口以支持未来设备的扩充、开发。工控机外形如图 5-6 所示。主控单元技术参数见表 5-2。

图 5-6 工控机外形

表 5-2 主控单元技术参数

整机	优质钢板外壳,铝质散热片,超低功耗,无风扇,全密闭
CPU	超低功耗 Intel 1.6G
内存	2G DDR3 内存
DOM	支持不同容量 DOM
音频接口	AC97 音频接口一组

(续)

CF 卡		支持工业级 CF 卡
电源		采用 PFC 设计的高功率 AT 电源，DC18~36V 输入
I/O 口	显示	1 个 VGA 接口，1 个 LVDS 接口，支持双显
	并口	1 个并口
	串口	14 个串口，其中 2 个支持 RS422/485
	网口	1 个千兆网口，可扩充至 2 个（支持网络唤醒功能）
	PS2	1 个键盘接口，1 个鼠标接口
	USB	6 个 USB 2.0
	DIO	8 位（4 入，4 出）
硬盘		预留一个硬盘位
IrDA		115kbit/s IrDA 接口
操作系统		支持 DOS、WINCE、LINUX、XPE 等
温度		-15~65℃
安全性		交流地和直流地隔离
可靠性		平均无故障时间（MTBF）>10 万 h
基本输入输出系统（BIOS）		满足地铁行业专用 BIOS，具有电子 ID、远程开关机、网络唤醒等功能
外形尺寸		105mm（H）×260mm（W）×201mm（D）

2. 车票读写器

车票读写器用于对车票进行读、写、校验等处理。车票读写器内置天线，要求可以同时处理单程票和储值票（公共交通卡）。

车票读写器及天线技术规格：

1）支持非接触式 IC 卡读写。

2）标准 RS232 接口。

3）工作电压：DC 12V。

4）功耗：150MW。

5）非接触式 IC 卡读写距离：≥60mm。

6）非接触式 IC 卡读写时间：≤200ms（单程票）。

7）回收装置内读写距离：≥20mm。

8）工作频率：13.56MHz±7kHz。

9）表面工作场强：1.5~7.5A/m。

10）工作温度：-10~50℃。

11）储存温度：-20~70℃。

12）相对湿度：5%~95%不结露。

3. 操作显示器

操作显示器为操作人员提供实现半自动售票机各种功能的操作显示界面。

操作显示器显示的信息可以通过中文及英文显示,可显示有关车票分析及编码信息、现金处理、操作指示、系统状态及设备状态等信息。操作显示器显示的信息采用图形化显示,清晰明了、界面友好,能给予操作员明确的指示及提示。操作显示器技术参数见表5-3。

表5-3 操作显示器技术参数

液晶屏尺寸	21.5in（1in≈25.4mm）
点分辨率	1920×1080
像素间距	0.249mm×0.249mm
液晶屏亮度	250cd/m^2
对比度	1000:1
响应时间	14ms
可视角度	178°
光源	白光发光二极管（WLED）
光源寿命	$5×10^4$h
输入电压	220V
输入功率	50W

4. 乘客显示器

乘客显示器为乘客提供有关车票分析及现金信息等提示,并用中文和英文同时显示。每套半自动售票机一般需配置两个乘客显示器,分别安放在付费区、非付费区靠近窗口、方便乘客阅读的地方,并带有一定的语音提示。

乘客显示器采用LCD液晶屏或VFD显示屏。采用LCD屏显示时,可采用彩色图形显示,丰富显示内容,乘客显示器技术参数见表5-4。

表5-4 乘客显示器技术参数

液晶屏尺寸	10.5in（1in≈25.4mm）
点分辨率	800×600
像素间距	0.264mm×0.264mm
液晶屏亮度	260cd/m^2
对比度	1000:1
响应时间	5ms
可视角度	178°
光源	白光发光二极管（WLED）
光源寿命	$5×10^4$h
输入电压	12V
输入功率	15W

5. 打印机

打印机用于车票发售、加值单据打印,也用于打印班次报表或其他有关信息。可以通过设定选择每完成一次交易，打印机就打印一次，给出运行号、系列号、截止日期等。

打印机有自检功能，能上传设备工作状态（包括卡纸、缺纸信息等）。

可采用小型针式打印机，也可采用小型热敏式打印机，能打印中文和英文字符，并自带汉字库。热敏式打印机技术参数见表 5-5。

表 5-5　热敏式打印机技术参数

打印方式	热敏式
打印速度	≥120mm/min（约 120 字符/min）
纸张宽度	80mm
工作相对湿度	10%～80%
工作温度	5～40℃
切纸方式	自动切纸
接口	RS232/USB/RJ45
电源	DC24V
可靠性	打印头：100km（按 8mm/行计，为 12 万～50 万行字符）；切纸头：≥100 万次
质量	1kg

6. 电源模块

电源模块用于为工控机、车票读写器、显示器、打印机等提供电源。半自动售票机还配有 UPS，以保证交流电失电后能完成最后一次交易，并保存好交易数据。UPS 可有效隔绝市电中产生的干扰，市电不稳定时，保证负载运行的安全性和可靠性。

7. 车票处理装置

车票处理装置可用来完成单程票的自动发售，以提高人工发售车票速度和效率。车票处理装置的主要部件：车票传送装置、车票读写器、出票控制板等。车票处理装置与主控单元通过串口连接，接收主控单元发出的指令，对单程票进行各种处理，如读取车票内存信息，判断车票的有效性，对车票内储值清零、赋值、校验，出票和废票回收等。车票处理装置能一次发售多张同一票值的车票。

图 5-7 所示为车票处理装置实物图。

8. 半自动售票机主要技术指标

1）车票处理速度：≤0.3s/张。

2）存储容量：可存储大于 10 万条验票交易记录。

3）平均修复时间（MTTR）：≤30 min。

4）电源功耗：≤400W。

5）电气数据：AC220（1±10%）V，50Hz±1Hz。

6）数据通信接口：RJ45 接口；10/100M。

7）工作温度：0～50℃。

项目5 半自动售票机

a) 车票处理装置（卡式车票）　　　　　　b) 车票处理装置（筹码式车票）

图 5-7　车票处理装置实物图

8）存储温度：20~60℃。

9）工作相对湿度：0%~90%。

10）存储相对湿度：0%~95%。

三、半自动售票机的处理流程

1. 系统状态

半自动售票机的系统活动状态包括初始化状态、空闲状态、工作状态、故障状态。

1）初始化状态：装载相关 DLL 文件，读入参数，初始化有关通信口，检测有关硬件模块，初始化有关模块单元。

2）空闲状态：未登录状态，等待用户登录，系统无故障，包括运营结束。

3）工作状态：操作员已经登录，进行票务处理（售票、更新、加值、查询等）和相关检测。

4）故障状态：系统产生故障，无法继续工作，等待故障解除。

半自动售票机系统状态转化如图 5-8 所示。

微课　半自动售票机的系统状态

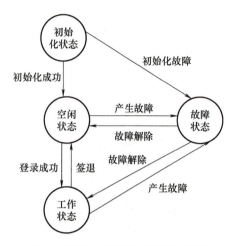

图 5-8　半自动售票机系统状态转化

2. 处理流程

（1）单程票发售流程　半自动售票机车票发售、交易的基本流程如图 5-9 所示。

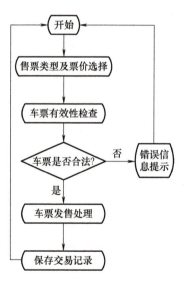

图 5-9　半自动售票机车票发售、交易的基本流程

微课　半自动售票机的基本处理流程

半自动售票机在发售车票时的车票有效性检查内容包括密钥安全性检查、票种合法性检查和车票状态检查。

（2）票务处理流程　半自动售票机在进行票务处理之前首先将对车票进行分析，车票分析包括车票有效性检查和车票状态分析两部分工作。

车票有效性检查的主要内容包括密钥安全性检查、黑名单检查、票种合法性检查和车票状态检查。

车票状态分析的内容包括使用地点检查、余额检查、有效期（使用时间）检查、进/出站次序检查等。

如果车票当前状态不正常，则必须先进行更新处理后才能执行其他交易。半自动售票机票务处理的基本流程如图 5-10 所示。

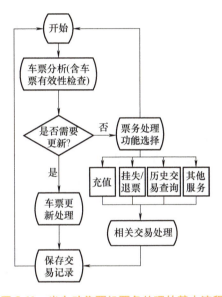

图 5-10　半自动售票机票务处理的基本流程

四、半自动售票机的操作

微课　半自动售票机的操作

1. 半自动售票机的基本操作

（1）**开机前检查**　开机前，检查设备与工控机、显示器、打印机、读写器等连接是否正确。

（2）**开机**　开机顺序：

1）打开设备侧边的开关，确认电源指示灯亮起，如图 5-11 所示。

2）开启工控机、显示器和打印机电源。

（3）关机　关机顺序：

1）使用鼠标单击系统开始菜单，选择关机。

2）关闭半自动售票机电源开关，如图 5-12 所示。

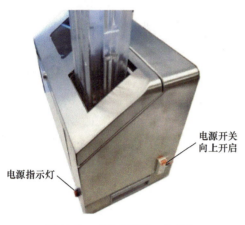
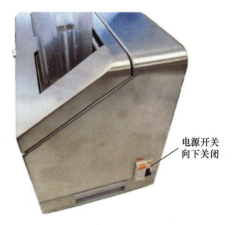

图 5-11　确认电源指示灯亮起　　　　　图 5-12　关闭半自动售票机电源开关

（4）加票　将票卡放入票箱内，将票箱放入票箱座中（注意票箱方向，不能放反）。

（5）取出废票　打开设备的前门锁，将废票盒取出（图 5-13），取出其中的废票后将废票盒放回原位，并推动到底。

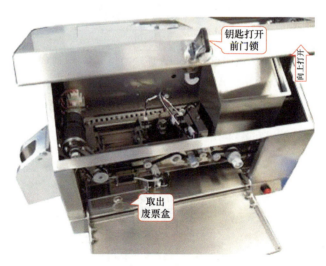

图 5-13　取出废票盒

2. 半自动售票机界面操作

下面以实验室现有的设备为例介绍半自动售票机界面操作。

（1）用户登录　半自动售票机系统的启动过程如下：

1）双击位于桌面的半自动售票机软件启动程序，启动半自动售票机软件，系统将进入登录界面，如图 5-14 所示。

项目 5 半自动售票机

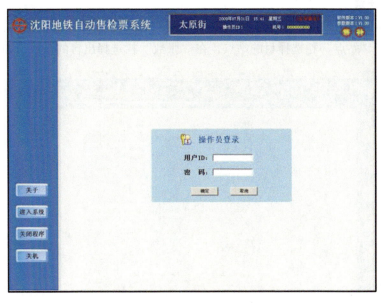

图 5-14 半自动售票机登录界面

2）在登录界面输入用户名和密码，即可进入用户操作主界面，如图 5-15 所示。主界面默认为售单程票操作界面。

图 5-15 半自动售票机主界面

3）登录完毕，用户可以通过界面左侧的功能按钮来选择使用某项功能。

(2)售单程票

1)在主界面,用户依次按下"售票"-"单程票"按钮,即可以进行单程票的出售。

2)用户在"站点"栏选择目的站点,在"张数"栏选择出售的张数,如图5-16所示。

图5-16 出售单程票

3)用户也可以通过单击"张数指定"来手动输入乘客购票张数,如图5-17所示。

图5-17 手动输入张数

4）确定了目的站点和购买的张数后，用户依次将票卡放在半自动售票机的读写卡器上，在界面上单击右下角的"确定"按钮，即可开始进行售票。

（3）售储值票

1）用户依次按下"售票"-"储值票"按钮，即可以进行储值票的出售，如图5-18所示。

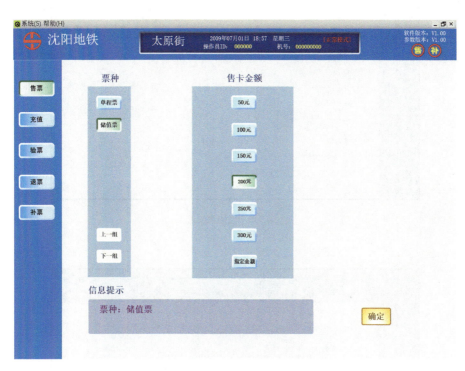

图5-18 出售储值票

2）用户将待售的储值卡放在半自动售票机的读写卡器上，在界面上单击右下角的"确定"按钮，即可售票。

（4）储值票充值

1）用户将需要充值的储值票放在半自动售票机的读写卡器上，然后按下"充值"按钮，则可以进行储值票的充值，如图5-19所示。

2）在储值票充值界面下，用户可以单击按钮来确定充值金额，也可以单击"指定金额"按钮手动输入金额。

（5）验票

1）用户按下"验票"按钮，即可进入验票界面，如图5-20所示。

2）用户将需要验票的票卡放在半自动售票机的读写卡器上，屏幕上即可显示票卡的相关信息。图5-21所示为储值票的验票信息。

3）在验票界面下，用户单击"打印"按钮即可打印验票信息；用户单击"关闭"按钮即可退出验票界面。

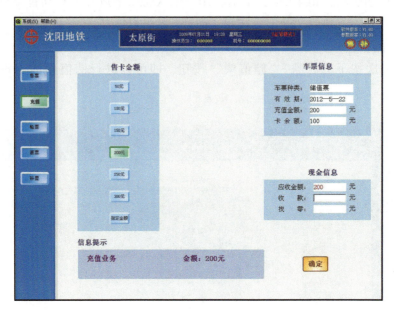

图 5-19　储值票充值

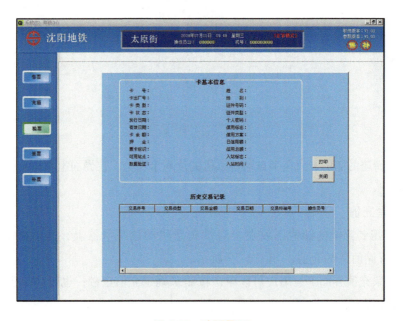

图 5-20　验票界面

（6）退票

1）用户将需要退票的票卡放在半自动售票机读写卡器上，按下"退票"按钮，即可进入退票界面进行退票操作，如图 5-22 所示。

2）用户选择了相应的选项后，单击退票界面内的"退票"按钮即可完成退票操作。

项目 5　半自动售票机

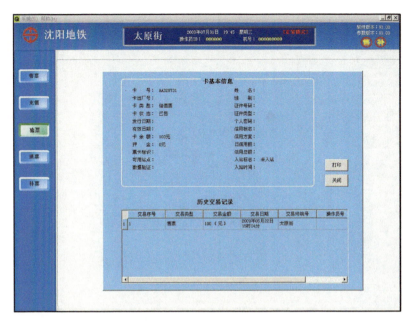

图 5-21　储值票的验票信息

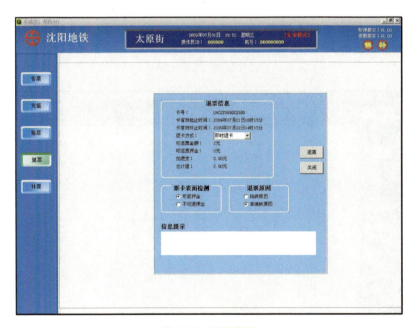

图 5-22　退票界面

（7）补票

1）用户单击"补票"按钮，即可进入补票界面，如图 5-23 所示。

2）用户选择补票方式并根据运营规则判断应收金额，然后单击补票界面内的"补票"按钮，就可以完成补票操作。

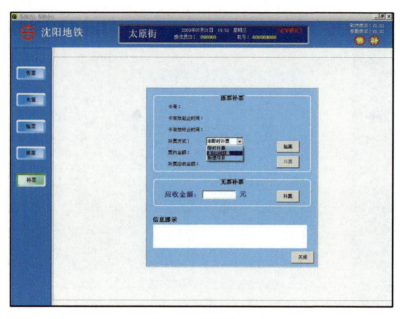

图 5-23　补票界面

（8）系统锁定和用户登出

1）登录的用户可以通过选择菜单"系统"-"系统锁定"对系统进行锁定，如图 5-24 所示。

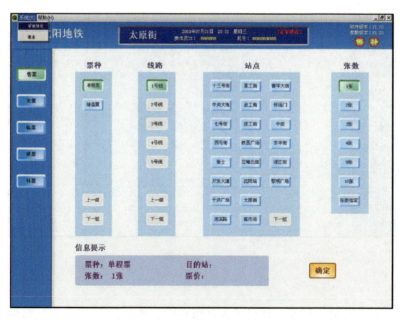

图 5-24　选择系统锁定

2）系统锁定界面如图 5-25 所示。

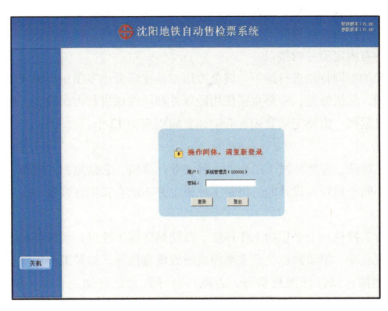

图 5-25　系统锁定界面

3）在系统锁定界面，用户可以输入当前管理员的密码，单击"登录"重新进入系统主界面；也可以单击"登出"，回到系统登录界面。

五、半自动售票机的维护和常见故障

半自动售票机属于复杂性工业产品，要保证这类产品长期稳定地运行，需要严格地进行日常维护。合理的维护可以延长产品的使用寿命、减少设备的故障。

1. 电源维护

电源在工作过程中会形成电场，电场会吸附周围的毛发、灰尘、碎屑附着在电源上。这些异物的堆积会导致电源模块散热能力变差，内温升高，从而缩短电源整体使用寿命和使用安全性。

建议维护时间间隔：地面车站 3 个月、地下车站 6 个月。

维护工具：毛刷、皮吹、吸尘器。

维护方式：停机、断电操作。

注意事项：不得使用水或清洁剂清洗除不锈钢外壳以外的部分，禁止使用酒精擦拭漆面，禁止任何液体、导体、静电产生物接触控制板。清洁控制板时，操作人员需要做好静电防护。

2. 电缆维护

电缆负责将半自动售票机内的各核心模块连接在一起，使系统成为一个整体。

半自动售票机内的电缆主要分为四大类：

电源线：由电源箱连接到各个模块，属于供电电路，线径较大。

通信线：由工控机连接到各个模块，属于通信电路，线径小。

信号线：由主控板连接到各个模块，属于信号电路，线径较小。

控制线：由主控板连接到剪式电动机，属于负载控制电路，线径大。

以上电缆均有固定型号的接口。

需根据电缆的不同特性进行维护。镀金冷压型插接器采用专用压线钳或压线器冷压制作而成，一旦断裂，无法修复，需要重新使用冷压件和压线钳进行再次加工。螺钉紧固类插接器采用螺钉旋具紧固，需要定期紧固、养护，紧固周期为12个月。

3. 工控机维护

工控机是在特殊、恶劣环境下工作的一种工业计算机，它的电源、机箱、主板都是为了能适应长时间不间断运行而设计的。但是工控机也并不适合长期在高温、高尘、高湿环境下运行。

首先，要给工控机一个平稳的工作环境。即使是防震工控机，当机器对磁盘或硬盘进行读写操作时出现震动，驱动器也会严重磨损或导致硬盘损坏。如果工控机要靠墙放置，距离墙壁至少应有间隙，以保证散热良好，否则，会导致元器件加速老化。具体要做好以下几点：

(1) 主板（卡） 工控机主板是专为在高、低温特殊环境中长时间运行而设计的，它在运用中所要注意的是：不能带电插拔（内存条、板卡后面的鼠标、键盘等），带电插拔会导致插孔损坏，不能用，严重的甚至会使主板损坏。主板上的跨接线不能随便接，要查看说明书或用户手册，否则会由于不同型号主板的电压设置不同而导致损坏。主板的灰尘应定时清洁，不能用酒精或水，应用干刷子、吸尘器或皮吹把灰尘吸完或吹掉。保持主板上内存插槽干净，无断脚、歪脚。主板下插入无源底板中的金属脚要干净，在底板上要插紧、插到位。

(2) 工控机箱 工控机箱包括工控电源、无源底板、风扇。

1）工控电源：防止瞬时断电，瞬时断电又突然来电往往会产生一个瞬间极高的电压，很可能破坏计算机，电压的波动（过低或过高）也会对计算机造成损伤，因此，应尽量配备工控电源。另外，它还应防静电、防雷击。

2）无源底板：它是为各种板卡（包括显卡、声卡、网卡等）提供电源的，它的日常维护要注意以下几点：①不能在底板带电的情况下插拔板卡，插拔板卡时不可用力过猛、过大，用酒精等清洗底板时，要注意防止工具划伤底板。②插槽内不能积灰尘，否则会导致接触不良，甚至短路。③插槽内的金属脚应对齐、无弯曲，否则会影响板卡在系统中的运行，会因此出现开机不显示、板卡找不到、死机等各种现象。

3）风扇：工控箱内的风扇是专门为工控机设计的，它向机箱内吹风，降低机箱内温度。要注意的是，电源应接到插头上，风扇外部的过滤网要定时清洗（每月一次），以防过多的灰尘进入机箱。

(3) 硬盘 不要随意拆卸硬盘，避免振动、挤压。尽量不要在硬盘运行时关闭计算机电源，这样突然关机会导致硬盘磁道损坏，数据丢失。不要随意触动硬盘上的跨接线装置。搬运计算机时一定要用抗静电塑料袋包装或用海绵等防震、防压材料固定好，经常检查计算机病毒，以防侵蚀。在操作系统中有节能功能时，要尽量合理使用，以延长硬盘的使用寿命。

（4）**各种板卡**（显卡、声卡、网卡等） 板卡要注意的就是防尘，除了应用防尘工控机外，插脚要完好，板卡要竖直插入不能歪曲，并且板卡外插孔上的连接件不能带电插拔。

4. 半自动售票机的维护

（1）**刮卡轮的清洁** 刮卡轮的清洁如图 5-26 所示，清洁具体步骤如下：

1）打开半自动售票机前翻门以及面盖。

2）将清洁液体涂到在软布上（建议采用无水酒精进行该项清洁）。

3）用手将软布按在刮卡轮上，左右轻轻擦拭。

4）转动位于机体侧边的手轮，并仔细观察是否擦除刮卡轮上的污物，直到刮卡轮上的污物完全清除为止。

图 5-26　刮卡轮的清洁

（2）**其他滚轮的清洁** 其他滚轮的清洁如图 5-27 所示，清洁具体步骤如下：

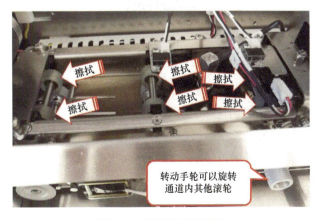

图 5-27　其他滚轮的清洁

1）打开半自动售票机前翻门及面盖。

2）将清洁液体涂到在软布上（建议采用无水酒精进行该项清洁）。

3）用手将软布按在卡轮上。

4）转动位于机体侧边的手轮，并仔细观察是否擦除滚轮上的污物，直到滚轮上的污物完全清除为止。

(3) 传感器清理 传感器位置示意图如图 5-28 所示，清洁具体步骤如下：

1）打开半自动售票机上门，找到传感器位置。

2）用一块干净的软布或者几根干净的棉签轻轻地擦拭各光感镜头，直至传感器上的灰尘擦除。

注意：不要使用化学液体清洁传感器，以免损伤传感器。

图 5-28　传感器位置示意图

微课　半自动售票机的常见故障

5. 常见故障及处理

(1) 现象 1 半自动售票机无法充值。

原因：储值卡读卡器没有正确连接。

解决办法：正确连接储值卡读卡器。

(2) 现象 2 半自动售票机屏幕显示"网络连接失败"。

原因：网络出现故障。

解决办法：

1）检查半自动售票机和服务器之间的网络连接是否正常。

2）检查系统服务器软件是否正常运行。

(3) **现象3** 半自动售票机乘客显示器没有显示。
原因：乘客显示器电源没有打开或者连接错误。
解决办法：打开乘客显示器电源或者检查电缆连接。
(4) **现象4** 半自动售票机不能打印凭条。
原因：打印机电源没有打开或者打印纸已经用尽。
解决办法：检查打印机电源或者正确安装打印纸。
(5) **现象5** 半自动售票机无法发售单程票。
原因：单程票发售模块内没有放入车票或者票箱没有正确安装。
解决办法：
1）放入发售用车票。
2）正确安装票箱。
(6) **现象6** 半自动售票机启动后显示"暂停服务"，不能进入工作状态。
原因：可能是维修门没有关上。
解决办法：检查维修门并将维修门全部关紧、上锁。
(7) **现象7** 半自动售票机打印的凭条没有内容。
原因：打印机色带没有安装或者已经用尽。
解决办法：正确安装色带或更换色带。
(8) **现象8** 半自动售票机启动后操作员显示器没有显示。
原因：半自动售票机内部工控机没有开机或显示器处于关闭状态。
解决办法：打开工控机电源或打开显示器电源。

【项目实施】

半自动售票机操作训练

[实施目的]

1）熟悉半自动售票机的结构和功能。
2）掌握半自动售票机的各类操作。

[实施仪器及设备]

城市轨道交通实训基地自动售检票系统。

[实施内容及步骤]

1. 观察并了解半自动售票机的结构（见图5-29）

2. 票务处理操作

进行车票的初始化、车票的赋值发售、储值票充值等操作。

城市轨道交通售检票系统

图 5-29　半自动售票机的结构

[报告要求]

1）画出半自动售票机的结构布局图。
2）总结半自动售票机的功能。
3）学习半自动售票机实际操作训练并完成下列内容。
① 售单程票操作。
② 售储值票操作。
③ 储值票充值操作。
④ 验票操作。
⑤ 退票操作。
⑥ 补票操作。

【项目评价】

评价表

序号	考核要素	配分	评分细则	评分
1	半自动售票机的结构	10 分	能正确地介绍半自动售票机各构件	
		10 分	能正确地描述各部件相应的功能	
2	半自动售票机的功能	10 分	能正确地描述半自动售票机的整体功能	
3	实验操作	10 分	操作符合规范，安全意识强	
		5 分	能正确地完成出售单程票操作	
		5 分	能正确地完成出售储值票操作	
		5 分	能正确地完成储值票充值	
		5 分	能正确地完成验票操作	
		5 分	能正确地完成退票操作	
		5 分	能正确地完成补票操作	

(续)

序号	考核要素	配分	评分细则	评分
4	实验报告	5 分	内容完整	
		5 分	格式规范	
		20 分	报告正确	
	合计配分	100 分	合计评分	

【拓展知识】

互联网支付半自动售票机

半自动售票机（BOM）设置于客服中心，由票务人员操作，操作员可通过半自动售票机对车票进行发售、分析、无效更新、充值、替换、退票、退款、交易查询等处理，这其中会包含一些需要乘客进行付费的业务操作。

新型支付技术使用后，车站的半自动售票机在满足传统的现金交易支付手段外，还实现了基于手机二维码的扫码支付等功能。移动支付需满足目前国内主流的第三方支付手段（微信、支付宝、银联），并符合《中国金融移动支付 应用安全规范》(JR/T 0095—2012)的要求和现行的国家第三方支付标准，同时支持腾讯乘车码、银联云闪付标准及规范。

互联网支付半自动售票机相比于传统的半自动售票机，实现了支付方式的多样性，既可以使用现金进行票卡业务的处理，也可以使用第三方支付方式，包括微信支付二维码、支付宝支付二维码、银联云闪付二维码和银联卡实体卡。

互联网支付半自动售票机较传统半自动售票机新增的功能有：

1）实现二维码、银联卡和手机 NFC 车票的读卡、异常分析功能。

2）实现二维码和手机 NFC 车票的异常处理，包括但不限于：超时更新、未出站更新、无入站更新、退款、退票及其他乘客事务处理等业务。

3）具有实体票卡异常处理电子支付功能，可选用第三方支付 APP（包括但不限于：微信、支付宝）主扫或被扫支付方式以及银联实体卡的支付方式支付。

4）实现桌面和手持二维码读取模块（含回写模块）等新增模块的状态监视、模块控制、模块测试、模块复位等功能。

5）具有实体票卡异常处理电子支付等业务交易记录生成功能。

【思考练习】

一、单项选择题

1. 半自动售票机的英文缩写是（　　）。
   A. TVM　　　　B. BOM　　　　C. AG　　　　D. ATM

2. 半自动售票机以（　　）为核心，辅以其他设备进行票卡操作。

A. 车票读写器　　B. 主控单元　　C. 乘客显示器　　D. 电源

3. 售票亭一般设置（　　）台乘客显示器。

A. 1　　B. 2　　C. 3　　D. 4

4. 票据打印机主要用于打印（　　）。

A. 票务发票　　B. 票务报表　　C. 公司文档　　D. 乘客事务处理单

5. 半自动售票机充值只针对（　　）充值。

A. 单程票　　B. 储值票　　C. 一日票　　D. 纪念票

6. 下列不属于半自动售票机处理服务的是（　　）。

A. 补票　　B. 退票　　C. 车票分析　　D. 票卡清分

二、多项选择题

1. 半自动售票机可以同时为（　　）服务，兼顾售票和补票功能。

A. 站厅　　B. 站台　　C. 非付费区　　D. 付费区

2. 半自动售票机由（　　）等部件组成。

A. 主控单元　　B. 乘客显示器　　C. 票卡发送装置　　D. 键盘和鼠标

3. 半自动售票机上签到分班次，输入（　　）后才可登入。

A. 用户名　　B. 用户密码　　C. 工作车站　　D. 接班人姓名

4. 售票界面可发售（　　）等，操作界面简单方便，操作人员容易上手并能完成快速操作。

A. 纸票　　B. 条形码纸票　　C. 单程票　　D. 储值票

5. 下列属于半自动售票机补票服务处理范围的是（　　）。

A. 超程　　B. 超时　　C. 无效票　　D. 进、出站次序错误

三、简答题

1. 半自动售票机单程票发售流程是什么？
2. 半自动售票机票务处理流程是什么？
3. 半自动售票机的基本功能是什么？
4. 半自动售票机的总体架构是什么？

项目 6

自动检票机

【项目概述】

自动检票机是实现乘客自助进、出站检票交易的设备。本项目将介绍自动检票机的功能、结构、工作模式、操作、常见故障及处理方法等内容,还将完成自动检票机的操作训练。

【学习目标】

1) 掌握自动检票机的功能。
2) 掌握自动检票机的各部分结构。
3) 了解自动检票机的工作模式。
4) 掌握自动检票机的操作。
5) 了解自动检票机的常见故障及处理方法。

【素养目标】

培养精益求精的工匠精神。

【相关知识】

一、自动检票机的功能

自动检票机（Automatic Gate，AG）安装于车站站厅层付费区与非付费区的交界处，进站检票机和出站检票机共同形成车站站厅层付费区与非付费区之间的分隔线，用于实现乘客自助进、出站检票。对有效车票，自动检票机通道阻挡装置释放（释放转杆或开启门扇），允许乘客进、出站。

微课 自动检票机的分类

1. 自动检票机的分类

自动检票机根据功能可以划分为进站检票机、出站检票机和双向检票机 3 种。进站检票机用于完成进站检票，检票端在非付费区；出站检票机用于完成出站检票，检票端在付费区；双向检票机既可完成进站检票也可完成出站检票，在非付费区和付费区可分别按照进站和出站的处理规则完成检票功能。

自动检票机根据阻挡装置的类型可以分为三杆检票机和门式检票机两大类型，根据通道宽度可以分为普通检票机（通道宽度为 500mm）和宽通道检票机（通道可以供轮椅通过，通道宽度为 900mm）两种类型。

2. 自动检票机的基本要求

自动检票机设备满足乘客"右手原则"，乘客右手持票可快速通过自动检票机检票。对单程票采用"照进插出"方式，对储值卡及手机一卡通、二维码等采用"照进照出"方式。设备识别到乘客持有效车票时，开启通道阻挡装置让其通过。出站检票时，设备能回收城市轨道交通专用的单程票。发生紧急情况时，通过拨动车站控制室中的紧急按钮或操纵车站计算机系统发出指令，可释放所有通道阻挡装置（三杆或扇形门），保证乘客迅速离开付费区。

3. 自动检票机的功能

自动检票机的基本功能是对乘客所持的车票进行检验，并完成进站或出站的交易处理。在计时计程的收费规则下，在进入付费区及离开付费区时都需要进行车票检验，进入付费区时检查车票的合法性并记录进入时的地点和时间；离开付费区时检查车票的合法性、进站信息的合法性及付费区内的停留时间；并根据进入位置和离开位置计算本次旅程的费用，完成车票扣款操作。

自动检票机的主要功能包括：

① 自动对车票进行有效性检验，对有效车票进行相应处理后放行乘客，对无效车票拒绝放行。

② 对车票处理结果给出明确的提示信息。

③ 对通道的通行状态给出明确的指示。

④ 对特殊车票的使用给出明确的提示。

⑤ 对需要回收的车票执行回收操作。

⑥ 对各部件的工作状态进行自动监测，并向车站计算机系统上报工作状态。

⑦ 接收车站计算机系统下发的参数和控制命令，并执行相应的操作。

⑧ 存储并上传交易信息。

⑨ 接收紧急按钮信号并控制设备的操作。

(1) 进站检票 进站检票机采用外部感应方式检票。乘客使用储值卡、单程票和手机一卡通进站检票时，需将车票靠近进站检票机读写器天线；乘客使用二维码进站检票时，需将二维码车票靠近进站检票机二维码识别器。检票结果为有效时，通道阻挡装置开启（门扇开启或转杆装置释放），乘客显示器提示相关信息，告知乘客进站，检票机在卡内写入进站交易记录，且将卡的交易记录保存在检票机存储介质中。若进站通道是双向通道，则进站端检票处理时，左侧检票机的出站检票端暂停服务。

(2) 出站检票 出站检票机采用内、外部感应方式检票。乘客使用储值卡和手机一卡通出站检票时，需将车票靠近出站检票机读写器天线；乘客使用二维码出站检票时，需将二维码车票靠近出站检票机二维码识别器；乘客使用单程票出站检票时，需将车票投入回收口（由检票机读写器及单程票回收装置分别完成单程票的交易与回收）。当检票结果为有效时，检票机的通道阻挡装置开启（扇形门开启或转杆装置释放），乘客显示器提示相关信息告知乘客出站，检票机通过读写器在卡内写入出站交易记录，并将卡的交易记录保存在检票机存储介质中。若出站通道是双向通道，则出站检票处理时，左侧检票机的进站检票端暂停服务。

(3) 无效票处理 自动检票机在执行进站检票或出站检票的操作时，若检票结果为无效（如金额不足等原因），则扇形门关闭或转杆装置锁定，乘客显示器提示相关信息，告知乘客去票房或客服中心进行车票分析处理。自动检票机根据情况发出警告声或亮起警告灯，自动检票机不对无效车票进行处理，只将无效票记录保存在检票机存储介质中。

(4) 紧急按钮 紧急按钮安置在车控室内，当发生紧急情况时，使用该按钮可以打开所有自动检票机的阻挡装置，可使三杆垂直落下或扇形门敞开，紧急疏散乘客，保证乘客无阻碍地离开付费区。紧急按钮与消防联动信号结合，一旦发生警报信号可联动控制专用按钮。另外，在没有电力供应的情况下，自动检票机的阻挡装置会处于开启状态，以保证乘客进、出站。

(5) 数据传输 自动检票机通过车站局域网网络连接到车站计算机系统（SC），上传车票处理交易、寄存器及设备运行状态日志等数据；接收车站计算机系统（SC）或中央计算机系统（CC）下发的命令、票价表、黑名单及其他参数等数据，并对版本控制参数执行自动生效处理；自动检票机具有与时钟服务器同步时钟的功能。

自动检票机有离线独立工作及数据保存能力。在与车站计算机系统通信中断时，自动检票机能保存 50000 条交易数据及 7 天的设备数据。在通信恢复时，自动检票机能将保存的交易数据及时上传给车站计算机系统。在突然断电时，自动检票机能安全保存最后一笔交易记录及相关信息。

二、自动检票机的结构

自动检票机以主控单元为核心，辅以阻挡装置、车票处理装置、声光提示装置等模块。自动检票机的总体结构如图 6-1 所示。

微课　自动检票机的总体结构

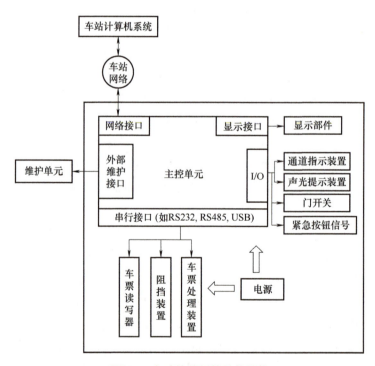

图 6-1　自动检票机的总体结构

自动检票机一般包括乘客显示器、方向指示器、警告灯（优惠票指示灯）及蜂鸣器、车票读写器（读卡器）、通道阻挡装置（门式检票机采用拍打扇形门或剪式扇形门，转杆式检票机采用转杆装置）、乘客通行传感器（适用于门式检票机）、主控单元、票卡传送/回收装置、维修面板、电源模块（含 UPS 或蓄电池）、机身和支持软件等部件。自动检票机的外部结构和内部结构分别如图 6-2 和图 6-3 所示。随着技术的发展,目前使用的自动检票机还包含二维码识别单元,另外部分车站还设有人脸识别单元。

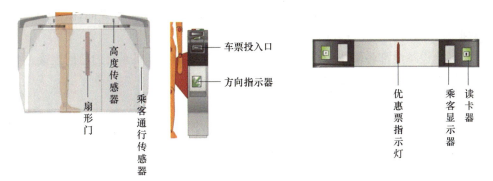

图 6-2 自动检票机的外部结构

图 6-3 自动检票机的内部结构

1. 主控单元

主控单元是整个自动检票机的核心控制模块。主控单元把外围设备送来的信息进行收集、整理、保存等,并监控和控制其外围设备,使其能正常工作。主控单元一般选用可靠性高、功耗低的通用型嵌入式计算机或工业级计算机(工控机),需要具备丰富的外部接口并支持外部设备的连接,并需要预留接口以备未来设备的扩展。

对主控单元有以下几点要求:

1)主控单元采用基于 32 位或以上嵌入式微处理器的工业级计算机,具有设备运行控制、数据通信及故障检测等功能。工业级计算机的内部布线和环境适应能力符合工业控制的要求。

2)采用低功耗 CPU 和无风扇自然散热结构,内存容量≥128M。

3)配备非易失性存储器,用于保存寄存器数据、交易数据、设备数据和其他运行数据。存储器件应满足宽温、抗震、高可靠性要求,使用寿命大于 10 年。

4)具有良好的环境适应性和抗电磁干扰能力,保证整机全天 24h 不停机稳定运行。

5）具备电源故障时的数据保护功能，在失电的情况下能将当前检票交易信息进行保存。

6）在与车站计算机系统通信中断情况下能够单机运行。设备至少能保存最近的50000条交易数据及7天以上的设备数据。

7）除满足设备内部各模块接口需求外，应提供与车站计算机系统的通信连接。

8）平均无故障时间（MTBF）>10万h。

2. 车票读写器

车票读写器模块由读写器和天线组成，读写器与天线部件通过同轴电缆连接。车票读写器的外观和内部结构分别如图6-4和图6-5所示。

图6-4 车票读写器的外观

图6-5 车票读写器的内部结构

进站检票机和出站检票机都装有一个储值票读写器及天线。出站检票机传输装置中还装有一个小天线的单程票读写器，用以完成单程票回收时的读写操作。双向检票机具有进站和出站的所有读写器。

读写器天线负责储值票和单程票中的数据通信和能量传输，它将车票中的数据通过读写器上传到工控机（读卡过程），工控机对车票中的数据进行判断后，把判断结果下发给读写器，由读写器通过天线对车票中的数据信息进行修改（写卡过程）。

对读写器有以下几点要求：

（1）**读写器的读写距离**　车票与读写器天线之间平行的垂直距离大于60mm，对于内置传送装置的读票距离大于20mm。在此区间内，车票与读写器之间能进行数据交换和达成各项操作。

（2）**读写器完成一次交易的时间**　在规定的数据格式下，单程票与读写器之间完成一次交易所需时间小于200ms，储值票与读写器之间完成一次交易所需时间小于300ms。

（3）**读写器冲突处理机制**　同一时刻内，在读写器感应区内同时出现两张（或以上）的单程票时，读写器对单程票均不作处理。

（4）**读写器掉电保护**　外部电源失电时，不破坏或改变读写器的内存数据。复电时，能恢复到掉电前的状态及内存数据。

3. 乘客显示器

乘客显示器用于显示本机工作状态、车票信息和通行信息等内容。乘客显示器通常安装在自动检票机的顶部，方便乘客使用。乘客显示器应可以显示中文和英文信息，待机状态下显示本机工作状态，如"请使用车票""暂停服务""紧急状态"等。当发生交易时，乘客显示器应显示车票信息（如车票余值）、交易状态及通信提示等内容，对于有效车票，它会显示车票有效并允许进/出站的指示信息；对于储值票，它会显示车票的余值或剩余乘次；对于无效的车票，它会显示"请去客服中心查询处理"等提示信息，同时会显示车票无效的拒收代码。乘客显示器的显示界面如图6-6所示。

图6-6　乘客显示器的显示界面

4. 方向指示器

方向指示器分别安装在自动检票机两端的前面板上，用于指示该自动检票机允许/禁止通行。

方向指示器显示的信息采用国际通用的标志显示，显示的标志应在距其30m处可明显辨识其显示信息及含义。绿色箭头表示本通道允许通行，红色符号（如"×"）表示该通道禁止通行。通道指示应可以根据自动检票机的工作状态进行切换。方向指示器如图6-7所示。

5. 声光提示装置

声光提示装置通常安装在自动检票机的顶部，用于提示特殊车票（如员工票）的使用、

图 6-7　方向指示器

强行通过报警、非法车票使用报警和紧急状态报警等。

警告灯可通过红色、绿色、闪烁、非闪烁等显示方式单独或组合使用。

蜂鸣器具有多种不同的警示声音模式，如短促单声、短促两声、长声等。音量在自动检票机外部达到60~80dB，音量可调，警示声音时间及频率可通过参数设置。

微课　自动检票机的阻挡装置

6. 阻挡装置

自动检票机的阻挡装置有很多种，最常见的有三杆装置、门式装置等。

（1）三杆装置　三杆装置是使用最广泛的阻挡装置。三杆装置由旋转三杆机构和控制板组成。旋转三杆机构由可转动圆盘、3根不锈钢管臂和若干电磁铁控制开关组成。3根不锈钢管臂分别成120°夹角。旋转三杆机构在控制部件的控制下可以顺时针或逆时针转动。在完成一次交易后，主控单元发送命令控制三杆机构旋转一次，允许一个乘客通过。在紧急状态时，三杆机构中的水平杆可以落下或三杆可以自由转动，可以使乘客快速疏散。

三杆装置可以设置为常开或常闭模式。无论是常开还是常闭模式，在每个乘客通行时主控单元都需要发送命令给控制板。发送命令的方式可以采用I/O脉冲信号，也可以采用串行通信的方式。在常开模式下，控制板在接收主控单元的命令时并不做实际的动作，即三杆机构平时处于打开模式，允许乘客通行。如果控制板没有收到命令而三杆机构发生转动，则控制板可以迅速吸合电磁铁，从而锁定三杆机构，防止非正常的通行。在常闭模式下，控制板在接收主控单元的命令时将吸合电磁铁，使三杆机构释放，这时三杆机构可以转动一次。由于在大多数情况下乘客的习惯是正常使用车票后再通过三杆机构，所以如果采用常开模式，可以大大减少电磁铁的吸合次数，较好地延长三杆装置的使用寿命。

三杆装置的外形如图 6-8 所示。

（2）门式装置　门式装置主要是扇形门装置，它是另一种得到广泛应用的自动检票机阻挡装置。扇形门装置由扇形门、机械控制结构和控制板组成。

扇形门由软性塑胶和内置钢板组成，门的边缘部分采用软性塑胶材料制成，从而能最大限度地减小强行通过时对人体的损害。其内部的钢板可保证扇形门能有效地快速关闭和阻止强行推动扇形门。扇形门为三角形，由可吸收能量的软性材料制成，当受到冲击时会发生变形并自动恢复到原来状态。

当扇形门需要动作时，控制板驱动电动机，通过减速齿轮提供动力给转换器，在操作杆连接处产生力矩，通过电磁铁传递运动，带动扇形门运动。控制板负责对机械的控制功能及传感器信号进行管理。扇形门装置如图 6-9 所示。

图 6-8　三杆装置的外形

拍打门装置的工作原理与扇形门装置基本相同，只是阻挡门的形式发生了变化。拍打门装置如图 6-10 所示。

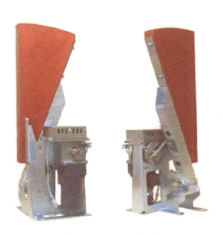

图 6-9　扇形门装置

图 6-10　拍打门装置

门式阻挡装置的闸门可以被设置为常开或常闭模式。

1）常开模式。

① 待机状态下闸门打开。

② 在主控单元发送一个授权信号后，通道允许按授权方向通行，同时通道通过计时器开始计数。

③ 如果在收到授权信号前乘客进入通道，自动检票机将认为是非法闯入，闸门立即关闭并给出报警信号，直到乘客退出通道后，闸门才会重新打开。

④ 当乘客到达闸门时，闸门通过计时器开始计时。当乘客穿过闸门后，通行确认信息将发送到主控单元，此时允许下一个乘客进入通道。

⑤ 如果在闸门通过计时器到达设定值时，乘客仍没通过闸门，自动检票机将发出警告信号。

⑥ 如果前一乘客已通过闸门，没有新的乘客进入通道中，自动检票机将返回待机状态。

⑦ 如果有新的授权信号而且新的乘客进入了通道，通道通过计时器将重新开始计数，上述步骤将重复执行。直到最后一个乘客通过闸门后，自动检票机返回到待机状态。

⑧ 在通道通过计时器达到设定值，而乘客没有通过闸门，并且没有停留在通道中时，自动检票机将认为通行已经结束并返回待机状态。如果乘客仍停留在通道中，自动检票机将发出警告信号。

2) 常闭模式。

① 待机状态下闸门关闭。

② 在主控单元发送一个授权信号后，闸门打开，通道允许按授权信号的方向通行，同时通道通过计时器开始计数。

③ 如果在收到授权信号前乘客进入通道，自动检票机将认为是非法闯入，闸门将保持关闭并发出警告信号。

④ 当乘客到达闸门时，闸门通过计时器开始计时。当乘客穿过闸门后，通行确认信息将发送到主控单元，此时允许下一个乘客进入通道。

⑤ 如果在闸门通过计时器到达设定值时，乘客仍没有通过闸门，自动检票机将发出警告信号。

⑥ 如果前一乘客已通过闸门，而且没有新的乘客进入通道中，闸门将关闭。

⑦ 如果有新的授权信号而且新的乘客进入了通道，闸门将保持打开，新乘客进入通道时通道通过计时器将重新开始计数，上述步骤将重复执行。直到最后一个乘客离开通道时，自动检票机返回到待机状态。

⑧ 在通道通过计时器达到设定值，而乘客没有通过闸门，并且没有停留在通道中时，自动检票机将认为通行已经结束并关闭闸门。如果乘客仍停留在通道中，自动检票机将发出警告信号。

(3) 阻挡装置的区别 三杆阻挡装置的优点是结构简单、成本较低、维护方便，但通行速度较低。门式阻挡装置的结构比较复杂，成本较高，但可以提供更宽的通道宽度和更高的通行速度。在产品设计时，应根据实际需要选用合适的阻挡装置。

门式阻挡装置与三杆阻挡装置的另一个显著的不同是在乘客正常通行时，门式阻挡装置不会与乘客发生接触，即门式部件本身不能直接对通行人数进行计数，也不能判断乘客通行的状态。因此使用门式阻挡装置的自动检票机通常都需要配置通行传感器以确定乘客在通道中的位置及通行人数。

7. 乘客通行传感器

使用门式阻挡装置的自动检票机通常需要配置乘客通行传感器以监控乘客通过自动检票机的整个过程及通过自动检票机的人数。对于双向模式下的自动检票机，当一端有乘客使用时，能够监控另一端逆向进入的乘客，并禁止逆向乘客通行。乘客通行传感器分布简图如图 6-11 所示。

微课　自动检票机的传感器

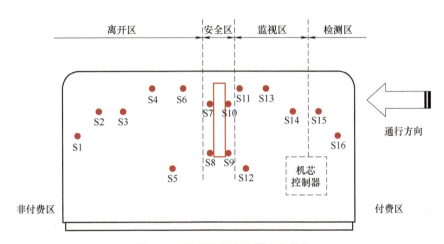

图 6-11　乘客通行传感器分布简图

检测区域：检测是否有乘客进入通道。

监视区域：检测是否有乘客希望通过通道。

安全区域：检测闸门闭合范围内是否有障碍物存在。

离开区域：检测通过通道的乘客是否快速离开通道。

图 6-11 中，S1～S6 和 S11～S16 为通行传感器，S7～S10 为安全传感器。乘客通行传感器用于检测和识别通道内通行物的通行状态，能鉴别乘客正常通过或非正常通过的情况（乘客在通道内错误的走行方向、无票乘客试图尾随有效票乘客通过等），并做出不同的处理。安全传感器用于检测闸门闭合范围内是否有障碍物存在。如果监测到有障碍物存在，闸门会维持当前状态，并发出报警提示，能保证行人（包括孩子）在通过闸门时的安全。

微课　自动检票机的车票处理装置

8. 车票处理装置

车票处理装置是自动检票机的一个关键部件，车票处理装置负责完成车票读写、传送及回收处理。车票处理装置主要包括两大部分:车票读写设备和车票传送装置。

车票处理装置的形式与车票的制式紧密相关,自动售检票系统内使用的车票主要有磁质车票和IC车票两大类,通常IC车票根据封装形式的不同分为筹码形车票和方卡形车票两种。对不同的车票制式,车票处理装置的设计也不同。

磁质车票的车票传送装置和车票读写设备采用一体化设计。由于磁质车票的读写具有方向性要求,因此车票只能一个方向插入车票处理装置,或由车票传送装置自动完成转向操作。磁质车票的读写需要在匀速运动中完成,整个处理过程可分为读票、写票和校验3个阶段,分别由3个(或更多个)磁头完成。读写完成的车票将返回乘客(进站)或被回收(出站)。当车票读写失败时,该车票将被返还给乘客,乘客需要到半自动售票机上进行处理。

对于IC车票,目前使用的基本上都是非接触式IC芯片,只要车票停留在天线感应的范围内都可以读写。因此对于进站交易而言,只需要使用车票读写器就可以完成进站处理而不需要配置传动装置。由于出站时单程使用的IC车票都需要回收,因此当使用单程IC车票出站时,必须将IC车票投入(筹码形)或插入(方卡形)车票处理装置中,车票通过传送装置(通道)到达天线感应区并在此完成车票读写,交易成功的车票继续经传送装置回收到票箱中,非法车票或交易失败的车票将返还给乘客,由乘客到车站服务中心完成票务更新后才能再次使用。对于不需要回收的IC车票,与进站类似,仅使用车票读写器就可以完成出站处理。

从结构上分析,由于磁质车票在进行车票读写时要求匀速运动,因此磁质车票的处理装置复杂、工艺要求高,而筹码形IC车票的处理装置结构简单。磁质车票在读写时需要与磁头接触,而IC车票的读写是非接触式的,因此磁质车票处理装置对维护的要求高,而IC车票处理装置基本上是免维护的,这也是近年来新建的自动售检票系统均采用IC车票的主要原因。对于筹码形或方卡形封装的IC车票,显然筹码形车票的处理装置结构简单、维护工作量小,但方卡形车票更容易携带并且比较符合一般乘客的使用习惯。

车票处理装置通常需要配置两个票箱,并设有传感器实时监控票箱的状态,在票箱不在位、票箱将满或票箱满时需要向主控单元发送相关信息,主控单元将相关信息上传到车站计算机系统。票箱通常需要具有计数功能,或由主控单元进行计数。车票处理装置应可以根据主控单元的命令将车票回收到指定的票箱中。

出站检票机设有出站车票投入口,设置标志引导乘客投票,IC车票可以4个方向中任一方向投入。车票投入口设有挡板,能防止异物投入。在已投入车票未处理完毕时或非服务状态下,该装置关闭,禁止车票投入。对于设定在双向模式下的双向检票机,当一端乘客使用车票时,另一端关闭该装置,禁止车票投入,直至乘客通过。

车票处理装置如图6-12所示。

9. 维护面板

维修面板安装在自动检票机内部,是操作/维修人员进行设备维护、故障诊断及模式设置等操作的工具。更换票箱时,需要操作员输入用户名和密码登录后才能进行操作。

图 6-12 车票处理装置

三、自动检票机的工作模式

1. 交易处理流程

自动检票机的基本交易类型包括进站和出站两种。两种交易的处理流程类似，都包括两大步骤，即车票检查和业务处理。通过检查的车票才能进入业务处理，业务处理按业务规则进行。完成对车票的业务处理后，乘客允许通过检票机通道，进入或离开付费区。自动检票机交易处理流程如图6-13所示。

自动检票机在待机状态下将监测自身各部件的工作状态、搜索车票及等待接收车站计算机系统的指令。当发现车票时，自动检票机将首先检查车票的有效性。自动检票机对车票的有效性检查主要内容包括：

1）密钥安全性检查。
2）黑名单检查。
3）票种合法性检查。
4）车票状态检查。
5）使用地点检查。
6）余值检查。
7）有效期（使用时间）检查。
8）进/出站次序检查。

对于有效的车票，自动检票机按照业务规则对车票进行相应的交易处理，交易处理的结果将被记录。交易成功后检票机将释放阻挡装置，允许乘客通过检票通道。对于出站检票机，可根据设定的参数对指定类型的车票进行回收。

对于无效车票，自动检票机给出提示信息，指导乘客前往车站服务中心或半自动售票机

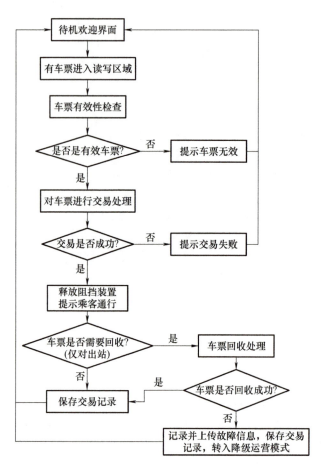

图 6-13 自动检票机交易处理流程

对车票进行相应的票务处理。

在降级运营模式下,自动检票机根据降级运营的业务规则可忽略进、出站次序、有效期(使用时间)、车票余值等内容的检查。

2. 数据管理

自动检票机内保存的数据包括设备状态数据、交易数据、本机统计数据、参数文件等。

设备状态数据、交易数据和本机统计数据均由自动检票机生成。自动检票机定时检查各部件的工作情况,在设备状态或部件工作状态发生变化时,自动检票机记录状态信息并将相关信息实时上传到车站计算机系统。当有交易发生时,自动检票机将记录交易的结果(包括交易类型、时间、车票信息、交易金额及交易结果等)并实时刷新本机的统计数据。

为提高通信效率,交易数据及本机统计数据通常不使用实时上传的方式,而是根据参数文件的设置定时或定量上传,车站计算机可以主动索取自动检票机的交易数据及本机统计数据。

参数文件来自车站计算机系统。自动检票机对每种参数文件允许存有两个版本,即当前参数和将来参数，并对参数文件的版本号和生效时间进行管理。自动检票机定时检查参数文件的生效时间，当到达将来参数的生效时间时，自动检票机可以把将来参数自动切换成当前参数。当发生参数文件更新时，自动检票机将进行版本号检查，只有新下发的参数文件的版本号高于将来参数版本号时，将来参数文件才能被更新。

3. 工作方式

自动检票机的工作方式主要有运行状态、关闭状态、故障状态和维护状态（测试状态）等。

（1）运行状态 运行状态存在联网运行和单机运行两种情况，在这两种情况下运行状态通常可分为正常模式，列车故障模式，进、出站忽略模式，时间忽略模式，日期忽略模式，超程忽略模式等多种运行模式。

1）运行状态的两种情况。

① 联网运行。联网运行是正常的系统工作状态。在这种状态下，自动检票机与车站计算机系统联网正常运行，自动检票机能完成设备的所有功能，支持 10 种以上的运行模式，能向车站计算机系统发送自动检票机工作状态及交易数据，车站计算机系统可向自动检票机发送指令及系统参数。

② 单机运行。单机运行是属于有故障而采取的降级运行状态。在这种状态下，自动检票机除不能与车站计算机系统交换数据及车站计算机系统不能监控该自动检票机的状态外，其他功能均正常执行。由于自动检票机不能与车站计算机系统联网，因此不能通过车站计算机系统将自动检票机设置为紧急状态，但可通过紧急按钮将自动检票机设置为紧急状态。自动检票机将交易记录及日志保存在本机存储器中，其中交易记录至少可存放 10 万条，并可存储不少于 7 天的设备状态信息。当网络连通后，没有发送过的交易记录可自动补送到车站计算机系统。

2）运行模式。

① 正常模式。自动检票机在正常模式下，导向指示器显示"允许通行"标志，乘客显示器显示正常使用的相关信息，自动检票机可正常处理检票、放行等操作。

乘客持车票进站，进站检票机检验车票为有效时，释放闸锁，让乘客通行；当进站检票机检验车票为无效时，锁闭闸锁，乘客显示器显示相关信息。

乘客持车票出站，出站检票机检验车票为有效时，释放闸锁，让乘客通行，出站检票机根据预先设置回收部分单程车票；当出站检票机检验车票为无效时，锁闭闸锁，乘客显示器显示相关信息，引导乘客到补票亭查询车票。

② 列车故障模式。当地铁列车出现运营故障，使部分车站暂时中止运营服务时，自动检票机可以被设置为"列车故障模式"。

在列车故障模式下，进站检票机不允许乘客进入暂停运营的车站；已购买单程票而未进入付费区的乘客，可以在一段时间内继续使用该车票，乘坐符合票值的车程，时间段参数将通过中央计算机进行设置。进入付费区的乘客，在通过出站检票机出站时，出站检票机将更新车票内进、出站标志，而不收取任何费用，对于乘次票将不扣减乘次。

③ 进、出站忽略模式。在特殊情况下，允许乘客不通过进站检票机验票直接进站。为方便这部分乘客离开车站，系统将被设置为"进、出站忽略模式"，允许乘客使用一张未编上进站信息的车票通过出站检票机出站。

进、出站忽略模式包括两种类型，第一种情况是对某个车站的车票实行免检，在这种情况下，对于所有未编上进站信息的车票，系统均自动认为是由指定车站进站的车票，出站检票机将自动扣除相应的车费，其他处理与正常模式相同。第二种情况是对所有车站的车票实行免检，在这种情况下，对所有车票都不检查进、出站次序，储值票将被扣除最短程车费，乘次票被扣除一个程次，单程票将被自动回收并且不检查票值。

④ 时间忽略模式。自动检票机在时间忽略模式下，出站检票机将不检查车票上的进站时间信息，但是仍然检查车票的票值，所有的车票按正常方式扣值。

⑤ 日期忽略模式。自动检票机在日期忽略模式下，允许过期的车票继续使用。

⑥ 超程忽略模式。自动检票机在超程忽略模式下，出站检票机将不检查单程票的票值，并且回收所有的单程票，对于储值票则扣除最少的车费。

(2) 关闭状态 当天运行结束后，车站计算机系统直接下达命令，将系统设置为关闭状态。

在关闭状态下，自动检票机退出运行状态，禁止检票处理，乘客显示器显示"关闭服务"信息，通道阻挡装置关闭，导向指示器显示"禁止通行"标志，但自动检票机仍保持与车站计算机通信连接状态。车站计算机仍可监控处于关闭状态的自动检票机。

(3) 故障状态 自动检票机各模块具备在运行过程中自动探测自身故障并报告给设备主控计算机的功能。当自动检票机检测到故障发生时，向车站计算机报告故障信息，同时根据故障等级将设备关闭或降低服务等级继续服务。

处在故障状态下的自动检票机，由主控计算机根据故障级别采取不同的处理策略，通常包括两种策略：第一种为小故障，此时采取降级处理策略，例如，出站检票机在单程票处理装置故障时可以自动切换到只使用储值票的故障模式运行，在这种情况下，故障排除后设备可以自动恢复到正常工作状态。第二种为大故障，此时主控计算机采取停止运行处理策略，并在乘客显示器上显示故障信息，方向指示转为"禁止通行"以提示乘客不能通行，同时把故障状态上传到车站计算机。

(4) 维护状态 维护状态供维修人员维护和测试时使用。

在维护状态下，维护人员可以通过维护键盘输入指令完成测试各部件的工作状态、查询数据等工作，乘客显示屏在维护状态下用于显示各种测试代码和相关信息。

在维护状态下，自动检票机不对乘客服务，乘客显示器显示"暂停服务"及相关维修状态，方向指示器转为"禁止通行"以提示乘客不能通行，同时把相关信息及处理结果上传到车站计算机。

四、自动检票机的操作

自动检票机的操作包括乘客使用车票进、出站操作和维修人员进行维护、查询、更换票箱、维修操作等。

1. 使用操作

（1）**开机** 打开自动检票机进站左侧维护门，在自动检票机内部安装有主控制板和电源箱，在电源箱上安装有启动开关，推动启动开关就可以完成上电工作。

在自动检票机上电后，自动检票机会自动启动操作系统和自动检票程序，无须人工干预。

自动检票机自动启动界面如图 6-14 所示。

（2）**关机** 关机的方法与开机的方法相似，不同的是首先由车站服务器向自动检票机发送一个关机命令，在扇形门收起后就可以推动电源箱上的启动开关下电了。

（3）**票卡操作**

1）欢迎界面。开机后如果设备工作正常，设备的显示屏会显示欢迎使用界面或暂停使用界面。

进站方向欢迎界面如图 6-15 所示。

图 6-14　自动启动界面　　　　　图 6-15　进站方向欢迎界面

出站方向欢迎界面如图 6-16 所示。

暂停使用界面如图 6-17 所示。

图 6-16　出站方向欢迎界面　　　　图 6-17　暂停使用界面

2）票卡使用方法。使用单程票进站时在读卡器上刷卡，出站时投入回收口。使用储值票进、出站时，都需要在读卡器上刷卡。1 次入站刷卡和 1 次出站刷卡作为 1 个合法周期，一张车票不能在一个通行方向多次刷卡。

在使用有效票正确刷卡后，设备会将界面切换到允许通行界面，并且在单程票进站或储值票进出站的情况下会显示票卡内的金额。允许通行界面如图 6-18 所示。

在界面切换后，绿色报警灯和方向指示灯会闪烁 1 次，同时蜂鸣器会蜂鸣 1 次。如果是双向自动检票机，与通行方向相反方向的允许通行指示会变成禁止通行指示。

3）错误票卡处理。错误票卡处理有 3 种情况。

① 刷卡过快造成数据处理不能及时完成，这种情况下界面会显示请重新刷卡，如图 6-19 所示。

图 6-18　允许通行界面

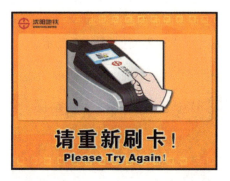

图 6-19　重新刷卡界面

② 使用无效票刷卡，这种情况下界面会显示此票卡是无效票卡，如图 6-20 所示。

③ 单程票没有投入回收口，在上面板刷卡出站的情况下，会显示请投入回收口，如图 6-21 所示。

图 6-20　无效票界面

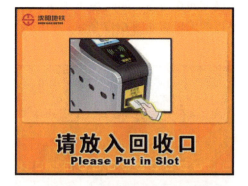

图 6-21　请放入回收口界面

（4）错误状态　在闸机出现错误后，界面会显示进入错误状态，具体错误情况如下。

1）读卡器错误。当读卡器发生错误时，出站方向会显示暂停服务界面，如图 6-17 所示。

项目 6　自动检票机

2）机芯错误。当机芯发生错误时,出站方向会显示暂停服务界面,如图 6-17 所示。

3）回收装置错误。当回收装置发生错误时,出站方向会显示拒收单程票,如图 6-22 所示。

（5）等待状态　对于双向自动检票机,如果有一个方向上有行人刷卡,另一个方向进入等待状态,界面显示暂停服务界面,如图 6-17 所示。

图 6-22　回收装置错误界面

2. 维护操作

（1）登录　打开自动检票机维护门后自动检票机进入维护状态,显示界面进入维护登录界面,如图 6-23 所示。在此界面,可以用维护键盘输入用户名和密码。

如果登录成功,维护程序进入主界面,如图 6-24 所示。

图 6-23　维护登录界面

图 6-24　主界面

如果登录失败,可以再次登录,如图 6-25 所示。

最多可以尝试登录 3 次,若 3 次登录均失败,设备会报警,如图 6-26 所示。

图 6-25　重新登录界面

图 6-26　登录失败界面

（2）票箱设置　在票箱设置中,可以查看票箱中票卡的数量,进行票箱切换和票箱更换操作,如图 6-27 所示。

(3) 部件测试 在部件测试中，可以对自动检票机的各个部件进行测试，验证各部件功能是否正确，如图 6-28 所示。

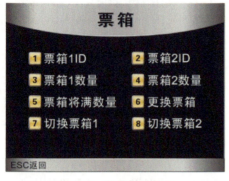

图 6-27 票箱操作界面

图 6-28 部件测试界面

1）可以对机芯进行检测，测试项目包括开门和紧急控制，如图 6-29 所示。
2）可以对回收机构的功能进行测试，如图 6-30 所示。

图 6-29 机芯测试界面

图 6-30 回收机构测试界面

3）可以对读写器能否读取票卡进行测试，如图 6-31 所示。
4）可以对通行指示器进行控制，如图 6-32 所示。

图 6-31 读写器测试界面

图 6-32 通行指示器测试界面

5）可以对报警器、传感器和网络进行测试。
6）可以对整机进行测试。

（4）**闸机参数操作**　闸机参数设置界面如图 6-33 所示。

1）可以设置工作模式，如图 6-34 所示。

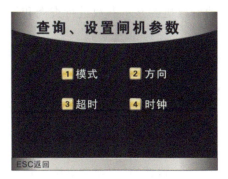

图 6-33　闸机参数设置界面

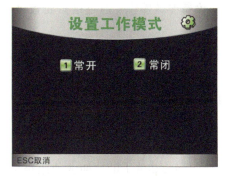

图 6-34　工作模式设置界面

2）可以设置工作方向，如图 6-35 所示。

3）可以设置系统时间。超时时间作为预留部分，本系统不能设置。

（5）**运营版本查询**　通过维护面板可以对自动检票机的所有运营相关的版本信息进行查询，如图 6-36 所示。

图 6-35　工作方向设置界面

图 6-36　运营版本查询界面

1）可以查询所有硬件设备版本，如图 6-37 所示。

2）可以查询所有驱动版本，如图 6-38 所示。

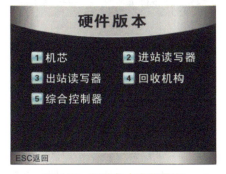

图 6-37　硬件版本查询界面

图 6-38　驱动版本查询界面

3）可以查询用户、黑名单、计价方案等运营文件的版本信息。

4）优惠名单作为本系统预留部分。

（6）**设备参数操作**　通过维护面板可以对自动检票机的基本参数进行查询和设置，如图 6-39 所示。

（7）**关机与重启**　可以通过维护界面对工控机进行关机与重启操作。

3. 更换票箱操作

更换票箱流程如下：

1）打开回收装置侧维护门。

2）登录进入维护界面。

3）使用回收装置上的按钮或使用维护界面中的"更换票箱"-"弹出票箱"将票箱托盘降到票箱底部。

4）用钥匙锁住票箱机械锁。

5）取下票箱。

6）将新票箱安装到回收装置上。

7）打开票箱机械锁。

8）使用回收装置上的按钮或使用维护界面中的"更换票箱"-"装回票箱"将票箱托盘升到票箱顶部。

9）进入维护界面中的票箱数量界面，将票卡计数清零。

10）关闭维护门。

更换票箱界面如图 6-40 所示。

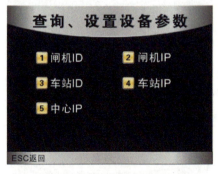

图 6-39　设备参数设置界面

图 6-40　更换票箱界面

五、自动检票机的维护和常见故障

为了确保自动售检票设备的运营可靠，应严格控制维修质量，力争将故障消灭在萌芽状态，加强预防性维护力度，以保证自动售检票设备处于良好的运行状态。自动检票机维护分为日常维护和周期维护。日常维护分为日检维护、双周检维护，周期维护根据部件性能分为季维护、半年维护、年维护。

1. 日检维护（每日维护）

(1) 清洁设备外部

1) 清洁机器外壳和显示屏的灰尘，要求表面无浮尘、无污渍。

2) 表面不得有粘贴纸和粘贴物。

(2) 清洁车票传输机构（蘸少许75%酒精）

1) 清洁所有压轮、滚轮、传动带，不得有污垢。

2) 清洁设备内部，应无明显的灰尘。

3) 在传动带的清洁中，若发现有传动带老化、松弛现象应及时更换。

4) 清洁传感器，不允许由于传感器问题造成进票速率的降低。

5) 禁止使用过量的酒精清洁设备，避免造成零部件过早的老化及损伤。

(3) 检查设备显示是否正常

1) 检查乘客显示屏、读写器指示灯。

2) 检查方向指示灯、警告灯。

3) 若发现显示异常或功能缺失，应及时调节或更换。

(4) 检查三杆机构的转动性能（阻挡装置以三杆式为例）

1) 检查三杆机构的主轴、紧固螺钉、单杆紧固螺钉是否松动。

2) 检查阻尼的销子是否脱落或断裂。

3) 检查并调节阻尼效果至适当位置。

4) 检查三杆机构转动时声音是否过响、过重，若是，应及时调整阻尼（细调或粗调）。

5) 检查三杆电路控制板、三杆电磁阀和连接导线。

6) 在紧固三杆机构时，严禁用力过度，以免造成三杆螺钉滑牙、变形，使部件损伤。

(5) 设备运营状态巡视

1) 检查设备是否有异常声响。

2) 检查设备是否有故障。

3) 检查设备运营是否保持稳定（是否频繁重复地发生故障）。

4) 在以上巡视中发现问题时，应按设备维护要求及时处理。

(6) 记录表填写 每日当班维护人员对自动检票机进行日检后，应将情况正确填写在车站自动售检票设备记录表内。

2. 双周检维护（每2周1次）

(1) 清洁设备内部积尘

1) 清洁导向指示灯的外罩，应无积尘。

2) 清洁电源盒、加热器、读写器的外罩，应无明显灰尘。

3) 清洁设备底部、部件支架、线槽、电缆，应无明显灰尘。

4) 清洁控制电路板，应无积尘。

5) 拆下乘客显示屏和显示面板并清洁上面的灰尘，严禁使用酒精擦拭。

（2） 检查设备内所有紧固螺钉

1）检查门锁、门撑杆、传输/回收机构、转向器、乘客显示屏、升降机构、传输机构带轮等的螺钉是否松动。

2）若发生螺钉缺损和松动，应及时补缺和紧固。

（3） 检查和调整三杆机构

1）除去三杆机构上的油污，在滑轮上均匀添加适量润滑油。

2）检查、调整阻尼位置，检查尼龙滑块是否老化、磨损严重。

3）检查三杆控制板控制功能、电磁铁动作是否正常。

4）发现零部件损坏或磨耗时需及时更换。

5）转动三杆机构，检查机械动作，应灵活，部件应无晃动、无异常声响。

（4） 升降机检查和清洁

1）检查升降机构传动时是否有异常。

2）清洁升降机丝杆上的油污，在丝杆上均匀添加少量润滑油。

3）检查升降导轨装置是否完好。

4）清洁升降托板的污垢，检查升降托板是否有松动。

5）检查传感器是否能正常进行检测。

6）检查票盒锁紧扣、紧固杆是否松动，若有松动，应及时紧固。

7）检查升降动作是否升到位，若升降机构性能较差，需及时调整或更换。

（5） 检查、清洁传输机构

1）检查传输机构转动时是否有异常。若有异常，应及时调整或更换，严禁故障状态滞留。

2）清洁所有的传感器，应无灰尘、污垢。

3）检查零部件螺钉是否紧固。

4）检查连接电缆、插接器是否完好。

5）检查进票口挡板动作，并进行调整。

6）检查转向器是否动作正常。

7）检查传动带是否变形、磨损或老化，若是应及时更换。

（6） 检查、清洁车票回收机构

1）检查回收机构传动时是否有异常，若有异常，应及时调整或更换，严禁故障状态滞留。

2）检查各个部件的螺钉是否紧固。

3）检查各个插接器是否完好。

4）检查转向器是否正常。

5）检查传感器是否完好。

6）检查传动带是否变形和老化，若是应更换传动带。

（7） 检查读写器

1）检查读写器的反应速度是否正常，若读卡反应慢，应更换。

2）检查读写器感应距离和覆盖区域，若感应距离小于6cm，或读卡感应区域位置不对，应更换读写器。

3)用测试票进行测试,要求连续使用30张时,在乘客显示屏上应连续显示"OK"30次。

(8)对自动检票机进行功能性能测试

1)转向器测试:利用测试码测试,转向板应有向上摆动然后回到原位的动作,摆动幅度为30°左右。

2)升降机构测试:利用测试码测试升降机构上升/下降动作,升、降动作应平稳到位。

3)三杆机构测试:利用测试码测试:①在测试状态时,电磁阀应处于释放状态;②在乘客显示屏上传感器指示数0、1应随三杆机构转动而变化;③正、反转时,主轴无松动;④转1圈单杆转动120°。

4)车票传输机构测试:用测试码测试传感器,在乘客显示屏上正常显示数为0,遮挡传感器时显示屏显示变成1。用测试码进行电动机传动测试,电动机应带动传动带正转和反转各5s。

5)蜂鸣器和指示灯测试:用测试码测试蜂鸣器,应有鸣叫声,时间为60s,指示灯亮5s。测试中,若发现模块功能未达到要求,应及时调整或更换。

3. 季维护与年维护

季维护和年维护根据部件性能按维修规程制订维修计划组织实施。

微课 自动检票机的常见故障

4. 常见故障及处理

(1)现象1 启动自动检票机后警告灯亮。

原因:启动设备后机器内部逻辑会对传感器进行测试,如果测试失败会有警告灯亮起,这种问题一般是传感器的透窗被灰尘或异物遮挡导致的。

解决办法:清洁传感器并重新启动设备。

(2)现象2 自动检票机屏幕显示"网络连接失败"。

原因:网络出现故障。

解决办法:

1)检查自动检票机和服务器之间的网络连接是否正常。

2)检查系统服务器软件是否正常运行。

(3)现象3 自动检票机启动后显示"暂停服务",不能进入工作状态。

原因:维修门没有关上或者维修面板未注销。

解决办法:

1)检查维修门并将维修门全部关紧并上锁。

2)检查维修面板是否已注销。

(4)**现象 4** 自动检票机启动后乘客显示器没有显示。
原因：自动检票机内部工控机没有开机或显示器处于关闭状态。
解决办法：打开工控机电源或打开显示器电源。

【项目实施】

自动检票机操作训练

[实施目的]

1）熟悉自动检票机的结构和功能。
2）掌握自动检票机的各类操作。

[实施仪器及设备]

城市轨道交通实训基地自动售检票系统。

[实施内容及步骤]

1. 观察并了解自动检票机的结构

付费区出站检票机通道传感器分区图参见图 6-11，乘客应在使用有效票卡刷卡后，在 15s 内及时通过自动检票机。如果乘客不能在规定时间内及时通过自动检票机，那么闸门会自动关闭，票卡的持有人不能使用该票卡再次通过自动检票机。

以下行为是通过自动检票机的正确行为：

1）成人持有效票卡刷卡通过自动检票机。
2）行人可以提包，推或托不超过最高传感器的行李通过自动检票机。
3）成人持有效票卡刷卡打开闸门后，不超过最高传感器的儿童可以在成人带领下通过自动检票机。
4）乘坐轮椅的乘客持有效票卡刷卡后，可以在宽通道自动检票机通过；如果不是电动轮椅，可以连续刷两张卡，由一个成人推轮椅通过宽通道自动检票机。

以下行为是通过自动检票机的错误行为，如果该行为发生，自动检票机闸门会自动关闭，并且进行报警：

1）只用一张有效票卡刷卡打开闸门多人通过的尾随行为。
2）持无效票卡刷卡或不刷卡试图通过自动检票机。
3）持有效票卡在一个方向刷卡，试图在另一个方向通过自动检票机。

2. 自动检票机操作

进行进站、出站、票箱更换等操作。

[报告要求]

1）画出自动检票机的外部结构图。

2）画出自动检票机的内部结构图。
3）总结自动检票机的功能。
4）画出自动检票机电气接线图。
5）练习自动检票机实际操作。
① 单程票进、出站操作。
② 储值票进、出站操作。
③ 更换票箱操作。

【项目评价】

评价表

序号	考核要素	配分	评分细则	评分
1	自动检票机的外观结构	5分	能正确地介绍自动检票机外部各构件	
		5分	能正确地描述各部件相应的功能	
2	自动检票机的内部结构	5分	能正确地介绍自动检票机内部各构件	
		5分	能正确地描述各部件相应的功能	
3	自动检票机的功能	5分	能正确地描述自动检票机的整体功能	
4	自动检票机的电气图	10分	能正确地绘制自动检票机的电气图	
		5分	绘图规范	
5	实验操作	10分	操作符合规范,安全意识强	
		5分	能完成单程票进、出站操作	
		5分	能完成储值票进、出站操作	
		10分	能在规定时间内正确地更换票箱	
6	实验报告	5分	内容完整	
		5分	格式规范	
		20分	报告正确	
	合计配分	100分	合计评分	

【拓展知识】

自动检票机的人性化设计

随着我国城市轨道交通的快速发展,乘客数量急剧增长,如何在满足乘客快速、便捷出行要求的同时,设计出提供人性化服务的自动检票机是一个需要重视、解决的问题。自动检票机设计应从满足乘客便捷出行的需求出发,充分考虑到乘客的人身结构和使用习惯,通过设计合理的产品形态,赋予产品以生命,让产品本身会"说话",使乘客从形态中获取信息,提高设备的亲切感、信任感以及使用的舒适度。

在自动检票机的控制和功能设计中，应尽可能地让乘客感知设备的运行过程和基本执行原理，并使设备的执行流程和乘客的实际使用过程一致。这样既能满足乘客的心理需求，又能让乘客正确地理解和执行设备所具备的各种功能。此外，自动检票机的运行状态信息与乘客的直观体验之间应建立直接、高效和正确的对应关系，使乘客能正确使用并从中获得愉悦、高效的感受。

自动检票机设计的过程中，应采用物理、逻辑和文化常识方面的限制性设计，使乘客必须采取正确的交互行为才能实现检票通行功能，从而有效地避免和减少乘客的误操作。例如，通过图形、符号设计，实现机器和乘客之间的视觉"对话"，如红色灯条表示禁止，绿色灯箭头表示运动的方向，闪烁灯表示故障或显示错误等。自动检票机的使用速度与使用效果成正比，具有明确的时效性，设计时必须考虑乘客心理的易记性、使用方式的简洁性以及交互行为的易学性；所设计的产品应与乘客的使用习惯一致，并为乘客提供一个安全可靠的使用环境。

自动检票机设计应最大限度满足人机工程学的理念，采用尽可能大的信息显示屏并与整体设备的宽度相协调。例如，在坚持"右手原则"的前提下，改变产品外观增加导向功能，引导乘客正确地刷卡进站；将人机工程学的相关原理运用于自动检票机的设计，结合我国成年人的人体尺寸来确立读卡器的高度和通道宽度，以保证乘客的快捷通行，提高了乘客的操作舒适度。自动检票机设计还应做好细节方面的处理，在外观上给人简约、现代、美观的审美体验。

【思考练习】

一、单项选择题

1. 自动检票机的英文简称为（　　），是实现乘客自助进、出站检票交易的设备。
   A. ATC　　　　B. AG　　　　C. ATM　　　　D. AFC

2. 自动检票机一般设置在车站的（　　）。
   A. 付费区　　　　　　　　　　B. 非付费区
   C. 站台层　　　　　　　　　　D. 付费区与非付费区的交界处

3. 宽通道检票机有可以供轮椅通过的通道，通道宽度为（　　）mm。
   A. 500　　　　B. 900　　　　C. 1000　　　　D. 1200

4. 在与车站计算机系统通信中断时，自动检票机能保存（　　）条交易数据。
   A. 10000　　　B. 30000　　　C. 50000　　　D. 5000

5. 在与车站计算机系统通信中断时，自动检票机能保存（　　）天的设备数据。
   A. 3　　　　　B. 5　　　　　C. 7　　　　　D. 14

二、多项选择题

1. 自动检票机根据功能可以划分为（　　）3种。
   A. 进站检票机　　　　　　　　B. 出站检票机
   C. 双向检票机　　　　　　　　D. 宽通道检票机

2. 自动检票机的组成包括（　　）等。

A. 乘客显示器 B. 方向指示器 C. 读写器及天线
D. 主控单元 E. 票卡传送/回收装置

3. 自动检票机的工作方式包括（   ）。

A. 运行状态 B. 关闭状态
C. 故障状态 D. 维护状态

三、简答题

1. 自动检票机的总体架构是什么？
2. 自动检票机的基本功能是什么？
3. 自动检票机进、出站交易的处理流程是什么？

参 考 文 献

［1］上海申通地铁集团有限公司轨道交通培训中心. 城市轨道交通自动售检票系统［M］. 北京：中国铁道出版社，2011.

［2］赵时旻. 轨道交通自动售检票系统［M］. 上海：同济大学出版社，2007.

［3］邵震球，于丹. 城市轨道交通自动售检票系统实务［M］. 北京：机械工业出版社，2016.

［4］吴献文，言海燕. 城市轨道交通自动售检票系统［M］. 北京：机械工业出版社，2017.

［5］薛万彪. 基于新型支付技术在城市轨道交通自动售检票系统中的应用研究［J］. 机电工程技术，2019，48（9）：186-189.